学前教师教育案例评析教程系列

丛书主编 杨 彦

幼儿园与家庭、社区合作 共育案例评析教程

主 编 甘 鹏 韦凌云 赵建霞

副主编 徐卫梅 刘利红 邹丽君 兰志娟 郁冰彬

新形态
一体化教材

武汉大学出版社
WUHAN UNIVERSITY PRESS

图书在版编目(CIP)数据

幼儿园与家庭、社区合作共育案例评析教程/甘鹏,韦凌云,赵建霞主编.—武汉:武汉大学出版社,2023.10
学前教师教育案例评析教程系列/杨彦主编
ISBN 978-7-307-23820-6

Ⅰ.幼… Ⅱ.①甘… ②韦… ③赵… Ⅲ.学前儿童—家庭教育—幼儿师范学校—教材 Ⅳ.G781

中国国家版本馆 CIP 数据核字(2023)第 111727 号

责任编辑:郭 静   责任校对:鄢春梅   版式设计:韩闻锦

出版发行:**武汉大学出版社** (430072 武昌 珞珈山)
(电子邮箱:cbs22@whu.edu.cn 网址:www.wdp.com.cn)
印刷:湖北金海印务有限公司
开本:787×1092 1/16 印张:12.75 字数:256 千字 插页:1
版次:2023 年 10 月第 1 版   2023 年 10 月第 1 次印刷
ISBN 978-7-307-23820-6   定价:40.00 元

学前教师教育案例评析教程系列

丛书主编 杨 彦

丛书编委会

丛书顾问

文 萍 广西幼儿师范高等专科学校

王 屹 南宁师范大学

李艳荣 广西幼儿师范高等专科学校

张家琼 重庆第二师范学院

熊 伟 陕西学前师范学院

丛书主编

杨 彦 广西幼儿师范高等专科学校

丛书编委（按姓氏笔画排序）

丁桂苏 桂林师范高等专科学校

韦国善 崇左幼儿师范高等专科学校

田茂群 钦州幼儿师范高等专科学校

刘洪波 柳州城市职业学院

刘晓军 广西幼儿师范高等专科学校

李钰燕 广西教育研究院

李淑贤 广西幼儿师范高等专科学校实验幼儿园

杨廷树 铜仁幼儿师范高等专科学校

杨 彦 广西幼儿师范高等专科学校

杨晓云 南宁市直属机关保育院

吴宣毅 广西凌云县中等职业技术学校

佘雅斌 广西幼儿师范高等专科学校

陈金菊 广西幼儿师范高等专科学校

陈泽铭 中国儿童教育发展中心

陈 娟 广西演艺职业学院

林 丽 广西直属机关第一幼儿园

金晓梅 湖北幼儿师范高等专科学校

胡 明 广西直属机关第三幼儿园

贵尚明 广西博童教育发展有限公司

夏 蔚 川南幼儿师范高等专科学校

徐卫梅 广西实验幼儿园

徐晓燕 川北幼儿师范高等专科学校

唐翊宣 广西幼儿师范高等专科学校

蒙志勇 广西幼儿师范高等专科学校

雷一萍 广西二轻技师学院

熊秀峰 北海艺术设计学院

学前教师教育案例评析教程系列

丛书主编 杨 彦

本书编委会

主 编

甘 鹏 韦凌云 赵建霞

副主编

徐卫梅 刘利红 邹丽君 兰志娟 郁冰彬

编 委（按姓氏笔画排序）

卫 茵	韦凌云	甘 鹏	兰志娟	付丽君	白秋珍	石丽敏	刘利红	江玲艳
阳乾宇	刘 艺	刘萍萍	李思译	陆晓姗	李 孟	邹丽君	陈 枫	肖 蓉
杨晓雯	李欢欣	李丽英	张 凤	陈钰琴	陆晓慧	郁冰彬	罗远宁	赵建霞
胥 萍	赵静娴	徐卫梅	莫英捷	郭 珍	郭梦兰	莫 菲	容佳嘉	唐彩云
莫艳华	梁 静	黄慧文	黄 媚	黄颖瑾	黄 珊	黄莉雄	黄清雪	温碧茵
覃哲霖	蒙姣妮	廖晓斐	潘丽萍	熊 惠				

"骑马者应从马背上学"

"骑马者应从马背上学"是我国著名幼儿教育家张雪门先生关于幼稚师范教育要加强见习和实习、注重实践和实例，促进学生通过课堂听讲、实际体悟从而内化所学、善于应用，以培养合格而优秀的幼教师资的重要指导思想。张雪门先生创办的北平幼稚师范学校，在管理上特点突出：学生上午在校听课，下午到园实习，把一系列实践活动贯穿于三年学习之中，认为只有亲自参与到真实的幼教情景当中去观察、去尝试，才能获得有效的经验并且提升能力。"离开了马背，尽管念一辈子的骑马书，如果跨上马去，还是会从马背上翻下来。"张雪门先生用朴素至理的箴言，生动形象地诠释了幼教师资培育之"实"与"适"，至今仍具有重要的时代意义。

新时代的"骑马者"——幼儿园教师，无论职前培养还是在职培训，都更需夯实"马背"——实践教学体系，包括优秀案例及指导教程等专门的支撑。基于实践取向研发系列课程资源，强化实训实作实习，优化幼儿园教师培养培训，是国策精神、教育使命、社会期盼。

自 2012 年以来，《3—6 岁儿童学习与发展指南》《幼儿园教师专业标准（试行）》《教师教育课程标准（试行）》《中共中央国务院关于学前教育深化改革规范发展的若干意见》等相继出台，关于幼儿健康成长、幼教提质增益及其重中之重是打造专业化幼师队伍等研究日益深入。2018 年《中共中央国务院关于全面深化新时代教师队伍建设改革的意见》这一里程碑式的文件提出"大力振兴教师教育，不断提升教师专业素质能力""全面提高幼儿园教师质量，建设一支高素质善保教的教师队伍""强化实践性课程"等重要指示，为我们积极应答新时代学前教育高质量发展和幼教师资高水平建设明确了方向和要求。

"纸上得来终觉浅，绝知此事要躬行。"长期以来，尤其是在见习实习过程中与学生们和幼儿园园长、老师们大量接触和深入交流，感受到大家有很多好点子、好做法、好经验值得分享，如不注重收集整理则难免遗憾，若将其梳理集萃，得以"珠海拾贝"，传扬"典型正能"，创获"实践智慧"，对推进人才培养、丰富理论内涵和指导幼教实务将带来诸多利好。于是，经过集思广益和不懈努力，"学前教师教育案例评析教程系列"结集出版。丛书立足实践，以其理性的思考、独到的构想，将感性体悟、学理逻辑有机融入案例铺陈、图文并茂、资讯扩展和品评点拨之中，力求能够更好地诠释"实"与"适"。

实——衔华佩实。对于丛书和各册的体例架构，怎样才能基于实实在在的一线经验且不简单堆砌、不流于形式，我们几经思索、终得破解。遵循实践教学规律，以学习者视角，对教育随笔、教育故事、教育案例等材料进行有机重构，突出导引性、递进性、可借鉴性和可操作性。通过情境导入、单元聚焦来引领了解各单元要义，各单元之下设置若干课，将学习目标、学习准备、学习领航、学习支持、案例与评析以及拓展检测等板块组成各课的主体内容，并辅以扫码查阅资源链接、扩展认知和项目练习等内容，把各册编写成一本本扎实、平实、充实的案例式指导教程。凸显以案促学，以例明理，以评启智，以实践出真知。

适——以适为新。考虑到丛书和各册的实际应用，为了使文本活现起来，跃然纸上而不是停滞于书中，我们力求增强教材的普适性、自适性。丛书各册所涉及课程均为《幼儿园教师专业标准（试行）》《学前教育专业认证标准（暂行）》指向的专业课程，且大多为各院校学前教育专业人才培养方案的核心课程，涵盖环境创设与利用、游戏活动支持与引导、幼儿行为观察与分析、保教活动与班级管理、沟通与合作、反思与发展等专业能力，是全体幼师必备的"专业基本功"，对标明确，普适性强。同时丛书编写注重提升阅读友好，不仅甄选优秀案例，而且精选照片、图表、声像资料等，配合发散式问答、建设性提示等，支撑各级各类幼师"一专多能"。教材以新样态、多元化呈现，可读易懂，自适性强。凸显人与书的界面交互，学与做的应用交互，支持探寻适切的个性化学习兴趣并鼓励迈向自我创新之路。

编写此套丛书是为丰富学前教师教育课程资源、加强推进实践教学、促进幼师人才培育质量，为众多院校的幼师生和广大的幼教人员提供专业成长的"样例"和"支架"。为达初心，我们勤力深耕，精益求精。自2019年开始动议、构思、组队、编撰并不断完善，直至丛书问世，我们克服了诸多困难！尽管2020年突如其来的疫情迫使编写工作按下了暂停键，丛书出版计划也受到影响，但是我们坚持笔耕不辍，终在花果繁茂之季得尝墨色书香。回顾此间历经的三年，一支热爱教育事业、理论基础扎实、实践经验丰富的编写团队如同一个大家庭，彼此勉励，共克时艰，不辞辛劳，令人感佩！以广西幼师（前身是1938年张雪门先生创办的北平香山慈幼院桂林分院广西幼稚师范学校）学前教育专业教师为主组成的高校团队，与广西、四川、云南等各示范幼儿园的园长们、老师们和各界热心人士积极联动、携手共进，武汉大学出版社的热忱邀约和鼎力支持也给予源源动能，所有参编人员的专业和敬业融汇于字里行间，在此一并衷心感谢！

"生活兮教育，生活兮教育，我们生命唯一之伴侣。为汝勤力，不分旦夕，为汝驰驱，不顾险夷。人生意义在利他，他利己亦利，生活兮教育。

"淳朴兮孩子，淳朴兮孩子，未来世界好坏之主体。浑然心地，不知害利，乐哉游戏，不计非是。社会价值在没我，没我以利人，先利小孩子。"

八十多年来，北平香山慈幼院校歌仍萦绕耳畔荡涤人心，纯美而清晰地传递了张雪门先生的教育理念。从北平到桂林，从过去到现在，无论时空如何转换，坚守"先利小孩子"初心不改；无论"骑马者"如何更迭，坚持"从马背上学"笃行不息。期待能将我们对学前教育的美好追求传递和共勉，也望不吝赐教以改进不足之处。脚踏实地、志存高远，将"骑马者""扶上马"并"送一程"，这是历史重托和时代使命，我们将继续深研精进，为新时代幼教师资培育贡献"广幼智慧"。

杨 彦

2022 年 1 月于绿城南宁

3

　　关于家庭、社区等外部环境与儿童发展的关系，从未有如今这样高度的关注。尤其2021年颁布的《中华人民共和国家庭教育促进法》中提出："建立健全家庭学校社会协同育人机制。"2022年2月，《幼儿园保育教育质量评估指南》明确将"幼儿园与家长建立平等互信关系、家长参与幼儿园管理、幼儿园向家长宣传科学育儿理念和知识、幼儿园与家庭社区构建协同育人机制"列为"家园共育"的关键评估指标。这是国家导向的新精神、新指引，促进学前教育的新思考、新行动。只有幼儿园、家庭、社区融合教育，志同道合，抱着一致的信念、一致的行动，幼儿才能获得全面和谐的发展。

　　我国著名幼儿教育家陈鹤琴先生提道："幼稚教育是一种很复杂的事情，不是家庭一方面可以单独胜任的，也不是幼稚园一方面能单独胜任的，必定要两方面共同合作方能得到充分的功效。"苏联著名教育家苏霍姆林斯基也说："学校和家庭，不仅要一致行动，要向儿童提出同样的要求，而且要志同道合，保有一致的信念，始终从同样的原则出发，无论在教育目的上，还是教育过程和手段上，都不发生分歧。"家园共育需要家长理解儿童的学习过程、理解教师的教育方法、理解幼儿园课程内涵"一日生活皆课程"，也就是我们的儿童观、教师观、课程观。家长知道多少？社区及社会了解多少？怎样让家长及社区与社会理解并提供适宜的支持？怎么才能做好家园、社区和谐共育？这是幼教工作者们，尤其是在校的大中专学生、在岗的幼教或保育师资等，一直以来孜孜不倦的追求。

　　家园、社区共育不是空中楼阁，无论幼儿教师如何努力"变被动为主动"，还是"从牵手到牵心"，都需要强大的专业能力做支撑。没有专业不能共育，它需要教师具备儿童发展、教育学、幼儿园课程等专业素养；没有能力不能共育，它需要双向沟通的能力、双向理解的能力；没有全心不能共育，它需要爱心、细心、专心……家园、社区共育中幼儿教师要做专业教育者、倾听家长意见，做专业引领者、针对家长的需求，做贴心的支持者、针对全园家长，我们倡导家园、社区牵心，形成"育幼共同体"，做到"教育思想共鸣"，开发优质家长和社区资源，提升家长科学育儿水平。

　　本书基于学习者视角，将典型案例通过系统组构，梳理家园、社区共育的目标和内

1

容，探索家园、社区共育的教育途径与方法，通过近 90 个文字案例与视频案例，解决家园、社区共育工作中存在的困惑，为学习者加强家园、社区共育能力提供"脚手架"。通过家园、社区共育的相关理论和实践知识，涵盖家园、社区共育的常态化路径，互联网+模式，共育技巧等内容，利用案例强化实践操作，重点讲解实际岗位工作技能，为学习者在理论与案例指引下强化实践技能提供"助力器"。

本书由广西幼儿师范高等专科学校甘鹏副教授、韦凌云副教授、赵建霞副教授担任主编，广西实验幼儿园徐卫梅园长、广西大学第一幼儿园刘利红园长、广西壮族自治区文化和旅游厅幼儿园兰志娟园长、广西南宁市第四职业技术学校附属幼儿园郁冰彬园长担任副主编；此外，广西实验幼儿园、广西大学第二幼儿园、广西壮族自治区文化和旅游厅幼儿园、广西幼儿师范高等专科学校实验幼儿园、广西大学第一幼儿园等老师们为本案例教程提供了丰富的实践案例。其中，第一单元为甘鹏撰写，第二、三单元为赵建霞、李思译撰写，第四、五单元为韦凌云撰写。本书从筹划到完稿因疫情影响、作者调整等原因，颇费周折，书稿的完成也一度遭遇瓶颈；也因水平有限，书稿编写难免存在疏漏与不足之处，恳请专家、同行、广大读者批评指正。书中借鉴和参阅了国内外同行大量相关研究成果，在此一并致谢！同时，由衷感谢丛书总编杨彦教授为本书框架确定、编写过程及书稿完善给予全面细致的指导！感谢武汉大学出版社郭静副编审为此书出版所做的努力！

编　者

2022 年 12 月

目　录

幼儿园与家庭、社区合作共育的"思"与"行"

📌【情境导入】

陈副园长：小王老师，第一周带班，和孩子们的交流还好吧？

王老师：和孩子们一起蛮开心的，感觉孩子们很可爱，眼界很宽，能说会道。

陈副园长：是不是觉得孩子不好引导？

王老师：也不是，引导孩子倒不难，关键是家长。我们班有孩子的家长是大学老师，从国外留学回来，常常对我们的工作"指手画脚"，还老用国外的标准来要求我们……还有，主班周老师交给我一个任务，让我联系附近的图书馆让孩子去参观，我也还不知道从哪入手……

陈副园长：看来我们的工作压力更多地来自与家长、社区的沟通交流方面啊。

在一项面向幼儿园老师的调查中，大多数老师认为幼儿园工作中最有挑战的部分就是"家园合作"。老师和家长都是爱孩子的，但为什么当这两个群体有交集时，常遇到各种困难？一个简单的原因就是，老师和家长往往对彼此有不同的期待，比如，幼儿园希望家长送来的孩子是符合基本要求的，而家长则认为"我把孩子送到幼儿园，幼儿园就应该承担起全部的教育责任"。那么，幼儿园与家庭、社区的关系是怎样的？有哪些活动可以促进家庭和社区与幼儿园的合作，从而对儿童成长产生积极影响呢？

📌【单元聚焦】

幼儿园与家庭、社区合作共育的政策理论与实践行动；新时代幼儿教师家园、社区合作共育工作应具备的素质、组织策略。

幼儿园与家庭、社区合作共育的思考

【学习目标】

(1)了解幼儿园与家庭、社区合作共育的政策导向、理论依据。

(2)运用政策、理论分析幼儿园与家庭、社区合作共育的案例。

(3)理解幼儿教师专业发展对幼儿园与家庭、社区合作共育的影响与意义。

【学习领航】

幼儿园与家庭、社区合作共育，是指在一定的社会背景下，由幼儿园及教师、幼儿家庭及家长、社区及社区服务人员在幼儿成长的过程中，各尽其责，各尽所能，形成教育合力，共同促进幼儿身心健康发展。

幼儿园、家庭和社区是幼儿成长的重要环境，在幼儿成长过程中均发挥着独特而不可替代的作用。家庭教育是基础，幼儿园教育是主导，社区教育是家庭教育和幼儿园教育的补充和延伸。任何一方均无法单独教育幼儿，只有三方互相配合、协同共育才能建构幼儿身心和谐发展所需的生活场所与教育环境。

【学习支持】

一、幼儿园与家庭、社区合作共育的政策之思

(一)《幼儿园工作规程》对家园、社区合作共育的导引

《幼儿园工作规程(试行)》(以下简称《规程》)是幼儿园教育法制化建设的重要标志，其中对家园关系的详细要求很大程度上推动了家园共育的落实。《规程》从 1989 年试行，1996 年、2016 年修订，政策的教育性不断增强，更多从幼儿发展的角度出发，将家园共育内容具体化、详细化，建立了形式多样、可操作性的共育方式，明确了园长、教师、医务人员在家园共育中的职责，促使家园共育得到有效发展。值得一提的是，家长可对幼儿园的工作发表建议和意见，有机会参与幼儿园管理，这既是家园共育

深层次的体现，也代表着家园共育中家长主体地位的凸显。

1989 年由国家教委颁布试行，1996 年正式施行的《规程》指出，家园联系方式在保留家长开放日等家园联系制度的基础上，将 1989 年提出的"可成立家长委员会"改为"应成立家长委员会"。从"可"到"应"的变化表明从选择性行为到必需性行为的转变，体现了要求成立家长委员会的力度与强度。

2016 年教育部颁布了新修订的《规程》，进一步完善了幼儿园教育管理。在家园合作方面，将原有"幼儿园与幼儿家庭"这一章改为"幼儿园、家庭和社区"，增加"社区"这一关键词。这表明幼儿园、家庭、社区协同共育的概念在教育政策中真正得到明确体现，社区的重要性得到具体彰显。在家园共育内容方面，幼儿园需定期分析、评价幼儿健康发展状况，并及时向家长反馈结果；每周向家长公示幼儿食谱。此外，增加了幼儿园对家庭教育指导与监控的能力，明确要求幼儿园开展反家庭暴力教育，并及时上报幼儿遭受或者疑似遭受家庭暴力的情况。在家园共育方式方面，从幼儿园"可实行对家长开放日的制度"转变为"应当建立家长开放日制度"，明确要求幼儿园建立家长开放日制度，进一步丰富了家园共育的途径。在与社区合作方面，从"支持社区开展有益的文化教育活动，争取社区支持和参与幼儿园建设"转变为"充分利用家庭和社区有利条件，丰富和拓展幼儿园的教育资源"，这实际上是幼儿园从单方面向社区靠拢到利用社区优势条件的转变，凸显了幼儿园在三方中的主动性、引导性。幼儿园的角色由"服务"转变为"指导"，由"支持"转变为"利用"，其主导地位得以明确彰显。

（二）《3—6 岁儿童学习与发展指南》对家园、社区合作共育的导引

2012 年，由教育部颁布的《3—6 岁儿童学习与发展指南》强调，家庭、幼儿园和社会应共同努力，为幼儿创设温暖、关爱、平等的家庭和集体生活氛围，建立良好的亲子关系、师生关系和同伴关系，让幼儿在积极健康的人际关系中获得安全感和信任感，发展自信和自尊，在良好的社会环境及文化的熏陶中学会遵守规则，形成基本的认同感和归属感。

（三）《幼儿园教育指导纲要（试行）》对家园、社区合作共育的导引

教育部在 2001 年颁布的《幼儿园教育指导纲要》（以下简称《纲要》）中明确表述："家庭是幼儿园重要的合作伙伴，应本着尊重、平等、合作的原则，争取家长的理解、支持和主动参与并积极支持、帮助家长提高教育能力。"强调并明确了家庭对幼儿园教育的意义及幼儿园的责任。《纲要》指出，幼儿园不仅要主动与家庭合作，还需要争取家长的理解、支持和主动参与，并明确表示家长是幼儿园教育评价工作的参与者，幼儿园

可建立家长参与评价制度。这一文件进一步深化了家园共育的内涵，即不仅重视幼儿园在家园共育中的主动性，还注重家庭在其中的主动性，强调充分发挥双方的积极性，调动双方深入参与，实现有效互动。其中，家长参与评价幼儿园工作是发挥家长主动性、提升共育水平、深化共育层次的重要措施。

《纲要》对幼儿园、家庭、社区三方协同共育作出详细要求："幼儿园应与家庭、社区密切合作，与小学衔接，综合利用各种教育资源，共同为幼儿的发展创造良好的条件。""充分利用自然环境和社区的教育资源，扩展幼儿学习和生活的空间"，"应为社区的早期教育提供服务"。

（四）《中华人民共和国家庭教育促进法》对家园、社区合作共育的导引

2021 年 10 月，十三届全国人大常委会审议通过，2022 年 1 月正式施行了《中华人民共和国家庭教育促进法》（以下简称《家庭教育促进法》），这是我国首次就家庭教育进行专门立法。法律明确"家庭教育应当符合家庭教育、学校教育、社会教育紧密结合、协调一致的要求"，"各级人民政府指导家庭教育工作，建立健全家庭学校社会协同育人机制"。这无疑是将家庭教育推向与学校教育同等重要的地位。《家庭教育促进法》由六个部分构成：总则、家庭责任、国家支持、社会协同、法律责任、附则。

《家庭教育促进法》提出："建立健全家庭学校社会协同育人机制。"其中，"第四章社会协同"中规定："第三十九条　中小学校、幼儿园应当将家庭教育指导服务纳入工作计划，作为教师业务培训的内容。""第四十条　中小学校、幼儿园可以采取建立家长学校等方式，针对不同年龄段未成年人的特点，定期组织公益性家庭教育指导服务和实践活动，并及时联系、督促未成年人的父母或者其他监护人参加。""第四十一条　中小学校、幼儿园应当根据家长的需求，邀请有关人员传授家庭教育理念、知识和方法，组织开展家庭教育指导服务和实践活动，促进家庭与学校共同教育。"

《家庭教育促进法》从法律的高度，将"家庭教育"从以往"学校教育"的附庸中解放出来，改变家庭只是学校课堂的延伸、家长只是学校老师的助理的状况，彰显家庭教育的重要地位和作用。虽然家庭教育和学校教育各有侧重，但都是围绕一个共同教育目标展开，即促进未成年人的全面发展和健康成长，如果各自为政、相互脱离，或者偏废其一，必然导致教育的缺失。因此，只有家庭、学校与社会形成协同共育的"共同体"，才能有效地呵护孩子健康成长。

（五）《幼儿园保育教育质量评估指南》对家园、社区合作共育的导引

2022 年 2 月，教育部颁布《幼儿园保育教育质量评估指南》（以下简称《评估指

南》)。《评估指南》以促进幼儿身心健康发展为导向,聚焦幼儿园保育教育过程质量,在评估内容上,围绕办园方向、保育与安全、教育过程、环境创设、教师队伍五个方面提出15项关键指标和48个考查要点。

《评估指南》中设置了15项幼儿园保育教育质量评估关键指标,其中,明确将"幼儿园与家长建立平等互信关系、家长参与幼儿园管理、幼儿园向家长宣传科学育儿理念和知识、幼儿园与家庭社区构建协同育人机制"列为"家园共育"的关键指标。

政策的导向无疑为家园社区共育提出了方向与要求,幼儿园教育需要与家庭教育在教育理念、教育方式、习惯养成、亲子教育、学业安排上协同育人。只有幼儿园、家庭、社区融合教育,志同道合,抱着一致的信念、一致的行动,幼儿才能获得全面和谐的发展。

表1-1-1　政策文件中关于"幼儿园与家庭、社区合作共育"的内容表述

《幼儿园教育指导纲要(试行)》(2001年)	幼儿园应与家庭、社区密切合作,与小学相互衔接,综合利用各种教育资源,共同为幼儿的发展创造良好的条件 家庭是幼儿园重要的合作伙伴。应本着尊重、平等、合作的原则,争取家长的理解、支持和主动参与,并积极支持、帮助家长提高教育能力
《3—6岁儿童学习与发展指南》(2012年)	家庭、幼儿园和社会应共同努力,为幼儿创设温暖、关爱、平等的家庭和集体生活氛围,建立良好的亲子关系、师生关系和同伴关系,让幼儿在积极健康的人际关系中获得安全感和信任感,发展自信和自尊,在良好的社会环境及文化的熏陶中学会遵守规则,形成基本的认同感和归属感
《幼儿园工作规程》(2016年新版)	第五十二条　幼儿园应当主动与幼儿家庭配合,向家长宣传科学保育、教育幼儿的知识,帮助家长创设良好的家庭教育环境,共同担负教育幼儿的任务 第五十五条　幼儿园应当加强与社区的联系与合作,面向社区宣传科学育儿知识,开展灵活多样的早期教育服务;支持社区开展公益性文化教育活动;争取社区对幼儿园工作的多方面支持
《中华人民共和国家庭教育促进法》(2021年)	第三十九条　中小学校、幼儿园应当将家庭教育指导服务纳入工作计划,作为教师业务培训的内容 第四十六条　图书馆、博物馆、文化馆、纪念馆、美术馆、科技馆、体育场馆、青少年宫、儿童活动中心等公共文化服务机构和爱国主义教育基地每年应当定期开展公益性家庭教育宣传、家庭教育指导服务和实践活动,开发家庭教育类公共文化服务产品

续表

《幼儿园保育教育质量评估指南》（2022年）	关键指标B9家园共育： 32. 幼儿园与家长建立平等互信关系，教师及时与家长分享幼儿的成长和进步，了解幼儿在家庭中的表现，认真倾听家长的意见建议 33. 家长有机会体验幼儿园的生活，参与幼儿园管理，引导家长理解教师工作对幼儿成长的价值，尊重教师的专业性，积极参与并支持幼儿园的工作，成为幼儿园的合作伙伴 34. 幼儿园通过家长会、家长开放日等多种形式，向家长宣传科学育儿理念和知识，为家长提供分享交流育儿经验的机会，帮助家长解决育儿困惑 35. 幼儿园与家庭社区密切合作，积极构建协同育人机制，充分利用自然、社会和文化资源，共同创设良好的育人环境

（六）相关政策文件对幼儿园与家庭、社区合作共育的启示

从上述政策文件中关于"幼儿园与家庭、社区合作共育"内容表述，我们可了解到，"幼儿园与家庭、社区合作共育"呈现以下发展趋势：一是我国逐渐从强调以幼儿园为主导，引导家长、社区配合幼儿园工作，转变为家庭与幼儿园拥有平等地位。注重利用家长、社区专业和资源优势，支持幼儿园保育教育工作；同时，政策也更明确指出家长在幼儿教育中的主体地位，利用法律法规保障家长应有的权利与义务，确定家庭与幼儿园的合作伙伴关系。这使得我国家庭、社区和幼儿园合作共育关系在政策引导和支持下进一步融洽，更适应现代幼儿教育的发展需求。二是幼儿园、家庭、社区协同共育措施明确化、具体化。在幼儿园、家庭、社区协同共育意识成熟的基础上，三方协同共育的具体落实情况得到重视。在相关政策引导和研究与实践的探索下，幼儿园、家庭、社区协同共育的措施逐渐具体化、明确化。

二、幼儿园与家庭、社区合作共育的理论之思

（一）国内

我国是个重视教育的国度，千百年来，在教育领域不少有识之士辛勤耕耘，积累了相当丰硕的成果。一些现代教育家如陈鹤琴、陶行知、张宗麟等，在他们的学前教育思想中都或多或少地包含着家、园、社区合作共育的管理思想。

1. 陈鹤琴的共育理念

陈鹤琴，中国著名儿童教育家、儿童心理学家、教授，中国现代幼儿教育的奠基人。一生主要从事一系列开创性的幼儿教育研究与实践，有《家庭教育——怎样教小孩》等著作。在其著作《家庭教育——怎样教小孩》一书中提到，应把家庭教育作为关系到国家前途、命运的大事，要把科学地了解儿童作为实施教育的依据，要把教育功能自然地渗透于家庭生活的各个方面。他说："家长是子女的第一个老师……幼儿在父母那里学说话，认识周围事物，模仿父母言行，在父母影响下形成性格，因此，必须十分重视对幼儿的家庭教育。"他在 15 条主张中指出儿童教育是幼稚园与家庭共同的责任。陈鹤琴认为："幼稚教育是一种很复杂的事情，不是家庭一方面可以单独胜任的，也不是幼稚园一方面可以单独胜任的，必定要两方面共同合作方能得到充分的功效。"他提出多种管理方法，如恳亲会、讨论会、报告家庭、探访家庭等。

2. 张宗麟的共育理念

张宗麟协助陈鹤琴创办我国第一所幼稚教育实验中心——鼓楼幼稚园，成为中国第一位男性幼稚教师。他指出："幼稚园不但直接担负着教育儿童的责任，还可以通过发起组织母亲会等形式对家长进行教育方法方面的辅导。"可见，张宗麟不仅重视幼稚教育、家庭教育，而且对家园共育做了深入的研究。

3. 陶行知的共育理论

陶行知，中国人民教育家、思想家。他提出生活教育理论，主张"生活即教育"、"社会即学校"。他说："应使幼儿生活在大自然、大社会的怀抱里，如园所周围的街道、商店或电灌站、粮油加工站、节日氛围、人际关系以及自然景象、动植各物，无一不是学前教育的场所、范围和内容。"

从这些教育家的教育思想中我们可以看出，只有将幼儿园教育与家庭教育、社区教育紧密联系，才能充分发挥他们的教育功能，从而促进幼儿的全面和谐的发展。

(二)国外

生态系统理论、家园重叠影响阈理论、人际沟通理论等为幼儿园与家庭、社区的合作共育提供了扎实的理论基础。

1. 生态系统理论

布朗芬布伦纳(Urie Bronfenbrenner)，美国著名的心理学家，提出了生态系统理论

(Ecological Systems Theory)。他认为，儿童的发展受到与其直接或间接联系的生态环境的制约。生物生态学将环境划分为各个不同的层次，如微观系统（家庭、幼儿园、学校、邻居和社区）、中观系统（处于微观系统中的两个事物之间的联系）、外层系统（两个或以上环境的关系）、宏观系统（儿童所处的社会文化背景）、时代系统（儿童所生活的时代）。这些系统是相互联系、相互制约的。儿童发展过程是其不断扩展对生态环境认识的过程，从家庭到幼儿园再到社会，生态环境的变化对儿童发展具有举足轻重的作用。

【案例 1-1-1】

飞行员爸爸

【案例描述】

　　国庆阅兵仪式上，歼-20 战机编队飞行的画面激发了大一班孩子们的热情，大家好长一段时间都围绕着这个话题聊得兴致勃勃。班主任经过和家委商量后，请来耿乐的爸爸——一名飞行员来当老师，讲讲飞机的那些事。当耿乐的爸爸穿着飞行员制服，带着飞机模型走进班级时，喧闹的班级一下子就安静下来。耿乐的爸爸用形象化的语言向孩子们介绍了飞机的结构和简单的飞行原理，孩子们听得津津有味，许多孩子还好奇地问东问西，追根究底。耿乐不仅充当了爸爸的小助手，回答小朋友提出的问题，还主动将自己在飞机场看到的和自己了解的有关飞机的知识告诉大家。通过这次活动，许多小朋友尤其是男孩子，对飞机、对科学产生了浓厚的兴趣，他们回家和父母一起查阅飞机的资料，去飞机场参观，很多孩子都树立了长大当飞行员、当科学家的理想。其中变化最大的要数耿乐小朋友了，他平时上课不认真，喜欢说话，不愿意举手发言，在班上的人缘也不好。可自从爸爸来当了老师后，他就像换了一个人似的，不仅上课认真听，积极举手发言，还主动和大家玩，好朋友也多了。他爸爸也反映，他在家无论是自控能力还是自我服务的意识都有所增强，变成一个有责任感的男子汉了。

【案例评析】

　　(1)案例中的幼儿园教师深谙生态系统理论中各层次系统对于儿童发展的价值，因而把宏观系统中的时代背景与微观系统中的家庭资源有联结接起来。父亲作为孩子微观系统中关系最紧密、影响最直接的"伙伴"之一，与孩子的亲密接触能够促进孩子的发展。老师善于运用多样化的教育资源，开展"父亲助教"活动，父亲的职业一般具有较强的理性、操作性的特点，这有助于孩子们理性思维和动手能力的发展，可以为幼儿提供一个认识社会多样性的窗口。

（2）父亲作为男性，本身就是一种教育资源。父亲是孩子独特的微观系统伙伴，能够提供"独特"的育儿影响。父亲在性格、处世方式等方面都与母亲不同，孩子与父亲的接触或互动方式也与母亲不同，父亲和孩子的关系会对孩子的发展产生独特的影响。父亲通过各种"助教"或"亲子活动"参与家园共育，展示男性独特的行为方式，可以丰富幼儿的认知。飞行员爸爸的到来开拓了大一班全体幼儿的眼界，使他们认识了飞机的结构和简单的飞行原理，同时爸爸也帮助耿乐树立了自信心。

2. 家园重叠影响阈理论

美国霍普金斯大学教授爱普斯坦（Joyce L. Epstein）在家庭、学校和社区三者之间合作关系的研究过程中，创立了"重叠影响阈理论"（the theory over lapping spheres of influence）。他强调家庭、学校与儿童发展之间的重叠程度以及家长与教师间的关系质量将对儿童发展起着关键作用。该理论以"关爱"为核心，认为影响儿童学习和成长的三个背景分别是家庭、学校和社区。而且这三个背景在儿童成长和发展过程中会发生交互叠加的影响，即家庭、学校和社区会共同影响孩子的成长和发展。因此三者之间应进行高质量的交流与合作，为学生的发展和成长营造出一种"关爱的教育环境"，学校要将家庭和社区视为平等的合作伙伴，家庭和社区也要意识到自身的骄傲与责任。因此，提倡家庭、学校和社区之间建立协作关系，并设计出一整套适宜的方案。

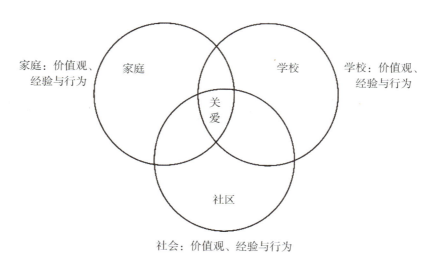

图 1-1-1　重叠影响阈理论模型图

【案例1-1-2】

幼儿园的学军活动

【案例描述】

某军区幼儿园是一所部队幼儿园，许多小朋友的爸爸妈妈都是军人，因此幼儿园充分利用这一社区资源，开展了丰富多彩的学军活动，有"站军姿""内务整理""大兵PK小兵"等主题活动。通过站军姿、内务演练等活动，让幼儿了解解放军叔叔的生活。幼儿园还请解放军叔叔和小朋友一起参加升旗仪式，组织小朋友进行授队旗、站军姿，教小朋友内务整理，给小朋友讲英雄故事，让小朋友感到最可爱的人就在身边。解放军叔叔在谈话的过程中，鼓励幼儿大胆提问，以满足幼儿对解放军叔叔的好奇心。这一系列活动，让幼儿感受到了解放军叔叔的可爱和伟大，激发了他们对解放军叔叔的崇敬和对祖国的热爱之情。

【案例评析】

社区由无数的"元素"组成，它与社区中生活的人们包括幼儿保持着密切的"对话"关系。这种"对话"包含了多重复合的现象，如自然、社会、文化、人际、家庭等。最吸引幼儿的社区资源就是社区中那些与幼儿生活经验息息相关的事物，尤其是一些动态的新鲜事物，军队资源是上述幼儿园所特有的，也是最吸引幼儿注意力、最容易引起幼儿探索兴趣的。上述案例中的军区幼儿园充分发挥幼儿园、家庭和社区的交互叠加影响，利用社区军队资源，对幼儿进行学军、爱军的教育。

3. 人际沟通理论

人际沟通（Interpersonal Communication）被简称为沟通，从字面理解是社会中人与人之间的交流过程，也即传递消息、情感和交换思想的过程。学者们认为人际沟通主要是发生在两个人或两个组织间信息传递的过程，必须借助于有效的符号系统才能实现，符号系统是人际沟通的工具，语言符号系统和非语言符号系统是其中的两大分类。双方传递信息是沟通的核心所在，信息传递的过程就是一方产生认知和知觉反应，对方知觉其反应后产生相应的回馈，此回馈又会成为前者的感知刺激，如此相互作用就形成了一连串的沟通行为，及时反馈信息的行为有利于化解冲突。幼儿家长与教师就是两者之间可以相互转化的信息源和接收者，并且通过口语媒介、纸质媒介、电子新媒体媒介等方式沟通交流幼儿在家、在园的生活学习等的发生发展情况。所以，幼儿园亲师沟通过程中，应该注意以上相关的影响因素，总结反思影响因素造成的现实问题，以期对往后的沟通做出适时的调整，提升沟通的有效性。

【案例 1-1-3】

"巧"用陪伴，"妙"解午睡焦虑

【案例描述】

新小班入园已两周，大部分幼儿已能逐渐在幼儿园午睡，仍有个别幼儿不愿意躺到床上或很难入睡，高高就是其中不愿意躺到床上的幼儿。

高高是一个男孩，他从开学至今一直很抗拒躺到幼儿园的床上，午睡时喜欢坐在教师身旁，不愿意闭上眼睛，实在很困的时候偶尔坐着打个盹后又清醒了。为了让他能尽快适应幼儿园的生活，逐渐能在幼儿园午睡，教师开始和高高的爸爸妈妈进行多次的微信沟通，进而是面对面的交流。教师了解到：高高的父亲是医生，母亲在飞机场工作，父母的上班时间不规律，且经常需要上夜班，高高晚上很多时候是跟着一个阿姨在家里睡觉，和这位阿姨的关系非常亲密，也比较缺乏安全感。

经过与家长沟通后，教师分析高高比较缺乏安全感，与陌生人建立信任感比较难，在陌生环境需要亲人的陪伴。于是教师与家长进一步商量后，制定"陪伴三部曲"，尝试解决高高的午睡焦虑。

第一步，家人入园陪伴。教师和家长协商后让阿姨中午来幼儿园陪着高高入睡 3 天，时长视情况递减。高高的阿姨如约在中午 12 点左右来到幼儿园，带着高高上厕所、脱好衣服，带着高高躺在幼儿园的床上。然后，高高的阿姨在旁边轻轻拍高高的背部，偶尔在他耳边说几句话，约 20 分钟后高高睡着了，阿姨也按照"约定"回家。高高起床后并没有问起阿姨的去向，而是和其他小朋友一样起床做事。第二天，教师和阿姨约好12：20 再到幼儿园，教师提醒高高自己上厕所、脱衣服，并告诉他坐在床边等阿姨。阿姨来到后陪着高高躺下睡觉，等高高睡着后仍像第一天一样回家。第三天的时候，高高的阿姨12：40 到幼儿园，当她到的时候高高在床边坐着已有些睡意。

第二步，玩偶入园陪伴。经过了三天的家人陪伴，教师觉得高高可以不需要阿姨陪着睡觉，但可以用一个熟悉的玩偶陪伴。于是，家长和高高说："阿姨明天有点事，不能到幼儿园陪高高睡午觉了，但可以让小青蛙去陪着睡，可以吗？"高高表示愿意。第四天午睡的时候，高高仍然不愿意自己躺在床上，他抱着小青蛙坐在床边，教师尝试牵着他的手让其躺下，但高高仍然表示抗拒。于是，教师抱着高高坐在床边，高高则抱着小青蛙，教师学着阿姨的方式拍拍他的背并偶尔和他说话，十余分钟他就在教师的怀里睡着了，等高高进入深睡眠状态后，教师把他平放在床上，这样的做法持续了 2 天。

第三步，教师床边陪伴。经历了前面两个步骤，教师开始鼓励高高躺到床上睡觉。这时候的高高已愿意在教师的陪伴下躺到自己的床上，但他会拉着教师的手入睡。教师一边拉着他的手，一边轻轻拍他的背，然后高高很快就睡着了，这样的情形持续了3天。

经过前面三个步骤后，教师在午睡的时间开始有意识"忽略"高高，高高在睡觉房喊着："老师陪!"教师一边安顿其他孩子一边说："高高先躺到床上，等会老师就来。"高高"无奈"之下，只好乖乖躺到自己的床上，等教师安顿好其他孩子后再去看高高时，发现他已经睡着了。

（广西幼儿师范高等专科学校实验幼儿园　白秋珍）

【案例评析】

在本案例中，新小班幼儿高高开学两周后仍不愿意躺到自己的床上，甚至出现很抗拒的现象，教师根据带班经验判断出现此现象的原因应该与家庭息息相关。于是，教师开始与家长进行沟通，了解到高高晚上睡觉时长期缺少父母的陪伴，导致他在睡觉时极度缺少安全感，从而出现不愿意躺到幼儿园床上的现象。在寻找具体解决问题策略的过程中，教师认为"陪伴"是解决高高入睡焦虑的"良药"，但是怎么"陪"才能既解决问题，又能让高高有所成长呢？教师和家长商议后制定"陪伴"三部曲，即家人入园陪伴、玩偶入园陪伴和教师床边陪伴，高高在家园共育中慢慢减少对家人的依赖，尝试信任幼儿园、信任教师，慢慢能独立在幼儿园入睡。案例中的老师很好地运用人际沟通理论，通过与家长之间的传递消息、情感和交换思想，解决了新小班幼儿的午睡焦虑。

（三）对幼儿园与家庭、社区合作共育的启示

从生态系统理论、家园重叠影响阈理论、人际沟通理论等理论模型中，我们可以得到如下几点启示：

（1）要充分认识到幼儿园、家庭、社区在儿童发展中的独特作用，以促进儿童的成长。父母的工作环境、幼儿的居住环境、幼儿园伙伴的家庭环境、儿童所在社区环境等都能间接影响幼儿的性格、品质及对家园共育活动产生影响。

（2）要加强幼儿园、家庭、社区彼此之间的联系，以形成正向的互动关系，保证儿童的发展。

（3）应循序渐进地扩大儿童的学习范围，从儿童的内部世界走向儿童的外部世界。

（4）应重视家长和教师对儿童的教育、家长和教师之间的互动与沟通，应促进成人之间积极的相关关系，在教师、家长、社会人士之间缔结出良好的关系。

（5）应密切成人与儿童之间的友好关系，促进儿童自尊心、自信心的发展。

（6）在家园共育中，教师与家长，家长与家长之间在以孩子为中心进行的互动中形成一定范围的人际互动。在特定范围的人际互动中，人际吸引、非语言沟通、刻板印象和人际空间四个人际互动要素在家园共育教师与家长、家长与家长、教师与社区的沟通、交流过程中同样存在。良好的家园、社区共育离不开合理社会互动的开展。

综上所述，幼儿园、家庭、社区三方关系的发展离不开相关政策文本、理论研究、实践探索的引导与支持，也正是这些相关政策文本、理论研究、实践探索勾勒、呈现、促进了幼儿园、家庭、社区三方关系的协同发展。

【学以致用】

请描述一个你听到、看到或自身经历的家园、社区合作共育的故事，并用所学的政策背景或合作共育理念与理论分析事件的缘由、问题的本质以及作为幼儿教师的解决策略。

幼儿园与家庭、社区合作共育的行动

第二课

【学习目标】

(1)掌握幼儿园与家庭、社区合作共育的内容与主要形式。
(2)运用幼儿园与家庭、社区合作共育的组织形式开展共育工作。
(3)树立正确的家园、社区共育理念。

【学习领航】

　　教育从来就不是孤立的，需要多方配合才能发挥其整体功能。苏联教育家苏霍姆林斯基指出："学校和家庭不仅要一致行动，而且要志同道合，抱着一致的信念，始终从同样的原则出发，无论在教育的目的、过程还是手段上，都不能发生分歧，只有这样儿童才能实现全面和谐的发展。"

【学习支持】

一、幼儿园与家庭的合作共育

　　家园共育即家长与幼儿园共同完成对幼儿的教育，在对幼儿的教育过程中，并不是家庭或幼儿园单方面进行教育工作，《幼儿园教育指导纲要（试行）》中指出，家庭是幼儿园重要的合作伙伴，应本着尊重平等、合作的原则，争取家长的理解、支持和主动参与，并积极支持、帮助家长提高教育能力。幼儿园家长工作的出发点就在于充分利用家长资源，实现家园互动、合作共赢。

（一）建立家园常态化的沟通与交流机制

　　家园之间进行信息和情感交流是家园常态化交流最基本的内容。信息与情感交流的内容包括幼儿的身体保健、习惯养成、社会性发展、安全教育等方面：一是向家长展示幼儿在幼儿园的学习生活情况，幼儿园教育教学的要求、内容、成果；二是幼儿园也要鼓励家长向幼儿园反馈幼儿的家庭生活情况，了解家长的教育价值观倾向和教养行为特点。家园常态化的沟通与交流机制的关键在于建立相互信任、尊重支持的情感桥梁，而这一切首先取决于教师的态度和行为，对幼儿的关爱，对工作的责任感，对家长的尊重和理解，让家长感受到教师对自己孩子由衷的爱，就会对教师产生信任，愿意与教师沟通和配合，从而建立平等合作的伙伴关系。常用的交流方式有早晚接送交流、家访、家园联系册，家长约谈与接待、家长接待日、网络沟通等。

 【案例1-2-1】

"云上"育儿有"新得"

【案例描述】

近几年由于疫情的影响，人与人面对面的交流机会变少了，但同时信息化技术的发展为家园共育开辟了新路径。基于疫情防控的挑战，也为了顺应互联网时代，我们尝试与家长在互联网平台搭建"云上"沟通的桥梁，加强教师与家长之间的情感连接。

一是依托"云上"平台，反馈幼儿在园情况

衣、食、住、行(这里指幼儿行为)是家长关心幼儿在园最基本的情况，疫情期间家长不能入园接送幼儿，为了让家长能够及时地了解幼儿的情况，我们每日通过班群上传一日情况表、今日关注等图片传送的形式向幼儿家长反馈幼儿一日生活的基本情况；当幼儿在园参与各项活动时，我们会合理利用时间，将每个孩子的精彩时刻拍照记录下来，通过QQ班群及时上传到相册里，让每一位家长都能看到幼儿在园参与活动的表现，这样的形式不仅便捷高效，还减少了接触。

二是依托"云上"平台，关注个性化联系

每个孩子的个性发展都不一样，当幼儿在园出现受伤等情况时，我们与家长常常通过微信、QQ、电话等线上沟通的形式，向家长反馈幼儿发生各种情况的原因及经过，同时与家长进行连续性的沟通，让家长了解幼儿教育的重要性，重视幼儿园与家庭合作，共同进行"云上"育儿。

三是依托"云上"平台，分享育儿方法

我们利用微信、QQ等网络平台向家长传输正确的育儿方法，帮助家长解决问题，并向家长介绍不同年龄段的幼儿的发展特点。同时，我们也会借助信息技术手段向家长传递家园共育的实施措施，如让家长在家里帮助幼儿养成良好的生活习惯，学会科学的防护方法，勤洗手、戴口罩、多通风、常锻炼等。

(广西幼儿师范高等专科学校实验幼儿园 杨晓雯 刘萍萍)

【案例评析】

家园共育的本质特点就是"共"字，然而，如何才能有效合作协同一致，共同完成教育幼儿的重要任务，这就需要加强家园沟通。在疫情防控的常态化背景下，面对面的线下沟通交流逐渐转为线上沟通交流，案例中幼儿园以信息技术为载体，通过"云上"平台，反馈幼儿在园情况、开展个性化教育指导、分享育儿方法等，搭建起"云上"沟通的桥梁，加强教师与家长之间的情感连接，让家长对幼儿的在园生活看得见、听得见，从而有效地促进家园共育。

（二）指导和支持家长提高科学育儿水平

家长的文化经验观念不同，对教育的理解也各不相同，采取的家庭教育方式方法也不同，取得的效果自然也不同，尽管每个家长对孩子的爱都发自肺腑，但这种爱有时缺少理性，缺少对孩子年龄特点的把握和对孩子内心世界的理解。因此，面向幼儿家长提供科学育儿指导是幼儿园的任务之一，在家园合作中，幼儿教师应帮助家长树立正确的教育观念，掌握科学的养育教育方法，强化家长"不仅是养育者，也是教育者"的意识，指导家长营造有利于幼儿身心健康成长的物质环境和精神环境，向家长宣传幼儿教育与心理方面的一般知识和基本方法，改善家长的教育行为和教育方法。另外，幼儿园也可以为家长提供学习与交流的平台，利用微信公众平台等新型公共交流平台，进行家庭教育知识的传播。在幼儿园，教师经常通过半日开放活动、家长会、家园联系等方式向家长开展宣传工作。

【案例1-2-2】

莫让家长的焦虑"传染"给孩子

【案例描述】

小班的朵朵是分离焦虑比较严重的孩子，每天妈妈都是很晚才送来上学，并且在门口磨蹭半个小时以上才能成功送进教室，开学将近一个月了，这种情况仍然得不到改善，妈妈也束手无策，而且很不放心，在送完朵朵后，常常躲在教室后窗或者走廊对面观望。针对这种情况，老师约了朵朵妈妈单独见面，了解孩子的各方面情况。

朵朵妈妈和老师说她其实每天都关注班上公布的"幼儿一日在园情况汇报"，也看了老师发的各种活动照片，知道自己孩子在班上不太愿意参与活动，所以很担心朵朵在幼儿园的生活。加上妈妈平时在外地工作，只要能在家陪朵朵，对她都是百依百顺，有求必应的。

听完了妈妈的描述，老师和妈妈分析了朵朵的情况：首先，孩子第一次离开父母，接触陌生的环境和陌生的人，跟老师同学间相互适应需要有个过程，如果孩子是慢热的性格，那这个过程可能会更长一些，加上朵朵常常晚来学校，造成她更加跟不上学校的节奏。其次，朵朵的社会交往及活动参与性稍弱，在班上暂时没交到好朋友，所以感情没有寄托，对学校的集体生活并不感兴趣。再次，家人平时对朵朵所有的事情包办得太多，没让她有锻炼的机会。到了幼儿园以后，很多事情需要学着自己动手，她不适应，所以排斥情绪严重。最后，在家里时朵朵可以随心所欲，家人对她百依百顺，没有形成合理的作息及生活安排，而学校是有规律的作息及游戏，跟她在家是截然不同的模式，朵朵还不适应集体行动。

和朵朵妈妈分析完朵朵的情况以后，老师从家园共育的角度，向家长提出了以下建议：

（1）每天准时送朵朵来学校，养成早睡早起不迟到的习惯。

（2）妈妈把孩子送到老师手上之后尽快离开，不要在教室附近逗留，如果孩子非常黏妈妈的话，可以考虑暂时换另一位家人，如爸爸送孩子来上学。

（3）可以给孩子带一个她心爱的玩具（不易损坏、无危险的，如玩具小熊等），使孩子的依恋情感暂时转到心爱的玩具上。

（4）适时培养朵朵的自理能力，如培养其独立吃饭，排尿、便时自己找厕所，并进行穿、脱裤子的训练和指导，暂时没学会的知道要用语言明确告诉大人。

（5）朵朵放学后，多抱抱她、亲亲她，让她充分释放压抑了一天的情感，并帮助孩子调整好心态，有条件的话，周末可以约上一两个班上的同学一起去公园玩，帮助她更多地了解班上的同学，拉近彼此间的友谊等。

（6）调整家长自身情绪。在幼儿出现焦虑情绪的过程中，家长自己首先要学会放松心情。家长的焦虑情绪会影响到孩子，使孩子的分离焦虑过渡期时间变得更长。

接下来，老师在每日的教育教学活动中，对朵朵也做了以下的工作：

（1）在放学前的"赞美时光"里，老师对朵朵当天一些好的表现进行赞美，然后给她类似贴贴纸等小奖品以示鼓励，并在离园时给朵朵一个拥抱，彼此间做个第二天来园的小约定，如果做到的话会有一些小奖励等。此做法既可以增进和幼儿之间的情感，又可以在幼儿心目中建立教师的形象。

（2）当朵朵在一天中有停止哭闹，参与活动或者自己动手做一些事情的时候，教师把这一幕拍视频或者照片发给家长，肯定孩子的进步，缓解家长的焦虑。

（3）安排一两个性格活泼的孩子坐在朵朵旁边，让活跃的孩子带动朵朵更快融入集体。

（4）让朵朵当"小老师"，帮老师做一些她能做的事情，排队的时候尝试给她做一次排头兵等，帮助她提高自信心。

（5）在一些她不太能自理的事情上，比如上厕所穿脱裤子等，教师给予及时帮助和指导，并逐步教会她如何自己做，在她有所进步时及时肯定。

在家园同步合作教育下，朵朵在学期快结束的最后一个月，终于适应了幼儿园生活，开心地和妈妈说，她喜欢上幼儿园，喜欢老师了。

（广西实验幼儿园　石丽敏）

【案例评析】

案例中的老师通过与家长的沟通交流，了解孩子的性格特点与成长背景，找到入园焦虑严重的根源，进而通过专业知识引导家长掌握科学的养育教育方法，指导家长营造有利于孩子缓解入园焦虑的心理环境，并与家长达成教育共识与形成合力，采取一系列的针对性的措施缓解孩子的入园焦虑。另外，在新生入园前还可以通过"专家说""园长说""老师说"等活动引导家长学会调整自己的心态，引导家长"舍得"并放心把孩子交给老师。还可以利用微信 QQ 群，及时将孩子入园第一天的照片视频上传，获取家长认可以及支持，真正实现家园共育缓解幼儿入园焦虑。

（三）鼓励与引导家长参与幼儿园教育

促进幼儿的健康成长是家园共同的教育目标，但是因为家园的教育价值观、教育理念、教育方式方法等诸多方面都存在不同，家园之间有时会彼此不信任或产生矛盾冲突。开展家园合作共育，就是让家长直接或间接参与幼儿园的教育过程，共同提高保教质量。一方面，幼儿园应主动赢得家长的理解和支持，并就教育观念、保教目标和任务、师幼关系，园本管理等达成共识，从而增强家长对幼儿园工作的信赖感和参与的积极性；另一方面，家长作为幼儿的法定监护人，有权了解并参与幼儿园的各项教育决策，幼儿园也应该鼓励和引导家长了解并参与制定幼儿的个别教育计划和幼儿园的各项管理决策，并让家长监督和评价幼儿园的保教工作。幼儿教师还可以鼓励家长为幼儿园提供人力、物力等多方面服务。在幼儿园，教师经常通过家长委员会、家长志愿者/助教、亲子活动等方式鼓励与引导家长参与幼儿园教育。

【案例 1-2-3】

"爸爸在哪里"

【案例描述】

"我爸爸经常出差，不在家。""我爸爸回家就是玩手机。"以上是我跟班级幼儿共读绘本《我爸爸》之后的讨论环节，有两名幼儿对自己爸爸的看法。由此，我联想到了在我国的家庭教育环境下，大家比较关注的"父亲缺位"的问题。针对"父亲缺位"问题，我也对本班幼儿的父母进行了观察：我经常能看到妈妈细心地为幼儿准备吃穿用品。幼儿的学校活动、日常接送、班级群里的信息回复等也多是妈妈来负责。在幼儿的生活中，爸爸的"身影"出现得似乎不是那么多。当我们去追寻以上情况的原因时，得到的回复基本上是"爸爸比较忙""爸爸不了解孩子的情况"。

但是"忙""不了解孩子"就能成为爸爸不参与幼儿教育的理由吗？在越来越重视幼儿教育的今天，大家也慢慢地意识到"爸爸"角色的重要性，爸爸也应该主动参与幼儿的教育，改变"父亲缺位"的现象，了解幼儿的成长过程，帮助幼儿成长为一名品格健全的社会人。

针对以上问题，我在班级中开展了"家园共育，促幼儿成长——'爸爸'在哪里"行动三部曲。

行动一：宣传理念，促"爸爸"观念转变

在"互联网+"时代，我利用微信、QQ、腾讯会议等网络平台，向班级的男性家长推送相关的文章、育儿经验，宣传父亲在幼儿教育中的重要性，以此引发男性家长对父亲角色的关注，鼓励男性家长积极参与幼儿的教育。

行动二：父子(女)时光打卡，促"爸爸"角色成长

在班级中开展"父子(女)时光打卡"活动，男性家长每日需要抽出半个小时的时间与自己的孩子独处。父子(女)可以一起制订计划表，计划两人如何度过独处的半个小时，比如亲子共读、亲子运动、亲子游戏等。之后，家长和幼儿分别对度过的半个小时亲子时光进行评价，并与对方分享自己的评价和感受。

图 1-2-1　爸爸和我们读书

图 1-2-2　爸爸和我下飞行棋

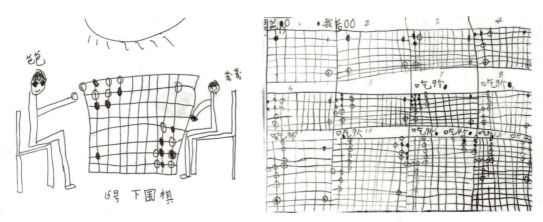

图 1-2-3　幼儿表征出与爸爸下棋的场景

行动三：爸爸进校园活动，促家园共发展

为了让男性家长参与我们的校园活动，我们开展了"爸爸进校园"活动。我们邀请班级中的"爸爸"利用自己的特长给孩子们开展相关的活动，比如当老师的男性家长在阅读节的时候进园来给班级幼儿讲故事，当一个"故事爸爸"；有当交警的家长进园向幼儿宣传交通安全的重要性；当建筑师的家长进园向幼儿展示各种各样的工程模型。

在开展了系列活动后，我发现本班的男性家长开始踊跃参与班级的各项活动，同时我们也得到了更多其他女性家长的支持，为本班的家园共育工作增添了更多活力。

（广西幼儿师范高等专科学校实验幼儿园　刘萍萍）

【案例评析】

在我国当前的家庭教育中，育人的工作更多的是由母亲来承担，父亲这一角色所承担的责任更多的是赚钱养家，也因此导致了教育中"父亲缺位"现象的出现。但同时公众也逐渐认识到父亲在幼儿成长过程中占有重要地位，父亲的果敢、阳刚、坚持等品质对幼儿健全性格的养成有很大的影响。因此案例中教师从转变家长观念，到鼓励男性家长与幼儿进行亲子互动，再到邀请男性家长走进校园，在行动上分三步走，引导男性家长逐渐认识到自己在家庭教育中的重要性，从而慢慢参与幼儿的教育。教师引导男性家长参与幼儿的教育，既能促进幼儿的健康成长，也能推动班级家园共育的和谐发展。

二、幼儿园与社区的合作共育

社区资源是指幼儿园所在社区环境中可供开发和利用的人、财、物等各种资源的总和，包含一切可能对幼儿具有教育教学价值的要素和条件。如前所言，美国学者布朗芬布伦纳的生态学理论认为，幼儿的成长受环境的影响，因此，幼儿园对社区资源的开发和利用对幼儿教育有着重要的教育价值。

（一）发掘社区资源服务幼儿教育

社区中具有广阔的场地、完善的设施和宽松的氛围，为幼儿提供可直接感知、实践操作、亲身体验的丰富环境，对幼儿社会性发展有着重要意义。社区资源可划分为物质资源、人力资源和文化资源。

（1）社区物质资源，包括自然环境、资源设施、行政机构和企业等社会组织。社区地理环境中的自然景观、花草树木、江河湖海、动物昆虫、名胜古迹等，以及社区活动中心、学校、超市、书店、游乐场、理发店、消防支队等社区内的公共场所和服务机构，都是可供幼儿园选择和利用的教育资源，为社区幼儿提供丰富多彩的教育素材和学习生活空间，教师经常带领幼儿到上述场所去嬉戏、参观，可以激发孩子们热爱自然、热爱家园、热爱社会的情感，带领孩子走进劳动生活现场，可以丰富幼儿对社会活动和自然现象的感性认识。

【案例 1-2-4】

小小银行家

【案例描述】

当孩子们走入银行大厅，热情的银行工作人员已经给孩子们准备好了工作服，孩子们穿上工作服之后更是激动不已，为了尽快"工作"，他们特别认真地听着工作人员给他们讲解银行里的工作流程。进入大厅，孩子们分别进行了分工：在等候区、阅读区、拿号区、取款区等地方进行了体验，随后，银行工作人员拿出了事先准备好的卡与存折，边操作边讲解了整个存取款的过程。小朋友在工作人员的帮助下体验了银行里是如何办卡的，是如何存钱的等。这样的银行体验式学习活动十分有意义，让孩子们更加近距离了解银行，揭开孩子们对银行的许多疑惑问题。孩子们学到的不仅仅是金融知识和存取钱的技能，更感受到良好的服务给人带来的一种真正的快乐。

（广西实验幼儿园 李丽英）

【案例评析】

案例中的活动主要是家园、社区合作，充分运用家长和社区的资源，突破了以往"老师讲、孩子听"传授知识的单一模式，让幼儿在实践过程中既获取了知识又积累了一定的生活经验，较好地体现了幼儿在活动中的主体地位以及"在环境中的教育"。

（2）社区人力资源，包括各行各业的专业人员或工作人员，如医生、警察、消防员、厨师、民间艺人等，他们是社区里最活跃的人力资源，是幼儿接触社会、认识社会、融入社会的重要媒介，幼儿园可以定期组织幼儿与家长参加幼儿园的开放性教育活动，通过请进来、走出去的方式整合园内外教育资源。

【案例 1-2-5】

我爸爸也是老师

【案例描述】

为了更好地鼓励与引导家长参与幼儿园教育工作，班级老师对家长资源进行了一些前期调查和记录。例如：宁宁的爸爸是大学林学院的教授，对种植有深度研究经验；东东的爸爸是一位体育教师，体格健壮，身手敏捷；晴晴的妈妈则是外语学院的教授，有着多年的教学工作经验……老师整理好家长情况的调查分析，结合课程动态以及孩子需求，邀请家长走进课堂，走进幼儿的活动组织与开展。在"花园里的秘密"主题活动中，孩子们对种子的生长充满了好奇，于是我们号召孩子们每人从家里带一个小花盆，在花盆里种下种子，花盆里用标签做好标记，谁种的，种了什么，并邀请植物专家宁宁爸爸来园给孩子讲解种子的秘密。

活动在宁宁爸爸的参与和帮助下开展种植的观察、种植方法的讨论，孩子们收获了种植新经验、新知识和新技能。孩子在获得经验和知识的同时，动手能力得到很大提高。宁宁爸爸还在保证种植行动安全的情况下，允许孩子们进行新的尝试，例如播种挖坑时，一个坑放下两粒不同的植物种子等。

有了爸爸的参与，一直内向不说话的宁宁，很神气地对小伙伴们说："我爸爸也是一个很厉害的老师!"宁宁惊奇地发现，自己的爸爸是如此能干。在幼儿重新认识爸爸妈妈的心理过程中，不仅有对爸爸的重新认识，更多的是一份尊敬与依恋。

(广西大学第二幼儿园 李孟)

【案例评析】

案例中教师通过了解、挖掘家长的教育资源，丰富了幼儿的课程内容。教师在课程推进中把家长请进课堂，一方面，在与幼儿教师、孩子的交流中使家长了解幼儿教育理念，增强了家长与幼儿教师共同肩负幼儿教育的责任意识，与教师共同促进幼儿的身心和谐发展；另一方面，家长、幼儿和教师有了更直接的交流，拉近了彼此的距离，增进了情感，形成了强有力的纽带，这样的合力既让幼儿爱上幼儿园，又促进了亲子关系的发展，促进了家园共育。

(3)社区文化资源，包括社区的传统文化、民风习俗、道德风尚、价值观念、生活方式、审美情趣，都为社区幼儿教育营造了浓厚的文化氛围，并通过多种途径影响幼儿园。它们是幼儿教育资源的重要来源，幼儿园吸取社区的优秀文化元素，融入幼儿园课程内容，开展相应教育活动，有利于幼儿园的文化特色建设。

【案例 1-2-6】

"三月三"节庆民族活动

【案例描述】

每个节日都有其特殊的文化内涵和教育价值，"三月三"作为广西特有的节日，蕴含着独特的民俗文化。大班春季学期初始，恰逢"三月三"时间节点。我们围绕着"三月三"整合主题课程，根据幼儿兴趣方向及发展需求，通过环境创设、区域活动、主题教学、大型活动等途径，构建出节日课程的框架，开展家园互动，邀请社区参与，一方面深化了节日的教育意义，丰富了主题课程；另一方面也促进了幼儿园、家庭、社区的合作共育以及幼儿的身心发展。

活动一：幼儿园、家庭合力组织幼儿参观广西民族音乐博物馆

为了迎接广西的重大节日"三月三"，许多地方举行了相关节庆活动。教师利用家长资源，组织幼儿参观广西民族音乐博物馆，并设计了与主题相关的调查表，观看民族乐器表演、对山歌等活动。以边参观音博馆边完成调查表的亲子共游方式，让家长真正参与课程实践，亲身感受主题式课程的教育价值，促进幼儿园、家庭、社区的合作共育。

图 1-2-4　我们和爸爸妈妈参观广西民族音乐博物馆

图 1-2-5　看，大鼓

民族音乐博物馆里有各个民族的特色乐器及文化介绍，能让孩子更直观地感受少数民族的魅力，通过实践获取知识经验。活动前期老师把亲子活动计划及教育目的通过微信、QQ、电子宣传海报等形式通知家长，让家长知道他们需要配合、协助的事项，得到家长对活动的认可及支持。接着，教师通过挖掘家长资源，利用家长资源得到了社区提供的帮助，活动圆满举行。本次活动不仅促进了幼儿的身心发展，而且丰富了主题课程内容。

活动二：幼儿园、家庭合力开展"三月三"民族运动会

在为"三月三民族运动会"做准备的过程中，教师通过与幼儿在运动会入场服装道具、表演形式、运动项目设计等方面进行讨论，结合少数民族主题，整合成系列教学活动。并将讨论的过程以记录表、照片的形式记录下来发到家长群，让家长知道幼儿园的教育出发点，协助幼儿完成运动会各项准备工作。

图 1-2-6　幼儿园开展"三月三"民族亲子运动会

图 1-2-7　我们获奖啦

幼儿园主题课程的实施需要教师、幼儿、家长等多方互动，在流动的课程实践过程中，逐渐呈现出体现教育思想和课程目标的课程内容。在"三月三"民族运动会主题课程实践过程中，教师以记录表、照片的形式将学习过程记录下来，让家长明白幼儿是活动的主体，教师和家长只是起到引导、支持、协助的作用，不能代替他们。家长理解了，自然而然就会支持工作。因此，我们运动会所需道具都是家长协助孩子完成，孩子在愉快的亲子氛围中收获成就、获得成长！

活动三：幼儿园、家庭合力举行"三月三"长桌宴

每个节日都有其特殊的文化和习俗，而"三月三"最典型的习俗莫过于对山歌、吃五色糯米饭。老师将"三月三"习俗"长桌宴"与"少数民族"进行整合，通过家长进课堂做五色糯米饭、对山歌等活动铺垫，在"三月三"前一天，举办了一场富有民族特色的"三月三"长桌宴活动。

图 1-2-8　家园合力开展"三月三"长桌宴

图 1-2-9　"三月三"长桌宴开动了！

图 1-2-10 "五色糯米饭"和"粑粑"太好吃了！

教师通过有计划、有组织地邀请有特长的家长进课堂当"老师"，使幼儿获得更直接的经验。举行长桌宴当天，家长义工负责布置场地，孩子们穿着少数民族服装对山歌，吃着自己参与制作的五色糯米饭等节日特色食物，教师将他们脸上满足而快乐的表情记录下来，家长们看到后感到无比欣慰。活动实现了幼儿、家长、教师、幼儿园在节日的愉快氛围中和谐共处、共同发展的目标。

（广西实验幼儿园 刘艺）

【案例评析】

依托本地节庆活动、整合主题课程、形成合理的课程内容，在课程实践过程中实现幼儿园、家庭、社区合作共育是一种创新的方式。它有两大特点：一是深化了节日的教育意义、丰富主题课程。节日活动给孩子创造了接触社会、展示自我的大好机会，孩子在参与过程中自主发展，社会性交往等各方面能力得到提升。在课程实践过程中，家长与孩子共同参与，让孩子感受节日带来的快乐、体验节日特有的浓情。这不仅促进了亲子关系，而且深化了节日的教育意义，幼儿在情感、知识技能等方面得到提升发展。二是促进了幼儿园、家庭、社区的合作关系。常规的课程教学只是"孩子学、家长看"，家长未必了解当中的教育意义。而以节庆整合主题，在课程实践过程中，家长作为课程实施的一分子参与其中，在与孩子共同操作、与教师充分沟通下，切身感受到正确的教育方法、丰富的课程内容给孩子带来的收获和快乐，更加认同、理解幼儿园传递的教育理念，进而与幼儿园形成合力共同促进幼儿身心和谐发展。

（二）服务社区发展

幼儿园在利用社区资源发展自身的同时，还应发挥自身作为专门教育机构的优势，充分利用幼儿园资源，以多种形式为社区发展服务，担负起社区幼儿教育指导者和推动者的责任，向社区辐射教育功能，将正规与非正规、正式与非正式的幼儿教育融为一体，为幼儿发展营造良好的社会环境。

（1）树立幼儿园的文明形象，发挥文明示范的引领作用。一所好的幼儿园可以成为社区精神文明的标志，对社区的精神文明建设起示范引领作用，将社区生活与园内教育活动结合起来。如开展环境教育，引导幼儿参与废物利用、节约用水用电、爱护公共卫生等活动，这样不仅对社区环境保护起到积极的推动作用，幼儿在活动中也受到教育，同时，促进幼儿素质与社区精神文明的发展。

（2）发挥幼儿园的教育专长，服务社区教育。幼儿园可以设置亲子园、家长学校、社区托育指导中心等社区幼儿教育机构，开展多种形式的育儿教育、辅导社区内的幼儿教育活动，将先进的育儿理念和科学的育儿知识送到社区内的每个家庭，提高社区居民的育儿水平，改善社区的教育环境。

【案例 1-2-7】

绿色家园与垃圾分类箱

【案例描述】

幼儿园大班开展"绿色家园"主题活动时，垃圾分类箱引起了孩子们的一番讨论："为什么要设垃圾分类箱""垃圾分类箱与一般的垃圾箱有什么不同""垃圾怎么回收"。当幼儿对垃圾分类箱感兴趣，并产生了一系列问题后，得到了家长的热情支持和积极配合。在教师的倡导下，家长带着自己的孩子走到社区，去认识垃圾分类箱，用眼睛看，用画面记录，用照相机和摄像机拍摄……家长还带领孩子到社区附近的造纸厂去了解废纸的循环回收再利用等。有些问题孩子难以找出答案，家长就深入浅出地讲给孩子听，和孩子一起去图书馆或上网查资料。

【案例评析】

上述案例中的老师充分发挥幼儿园、家庭和社区的交互叠加影响，利用社区资源与家长资源，请家长参与活动、走进社区，与教师协同教育孩子。教师将"绿色家园"教育内容置于社会、社区的大环境中，让社区环境，包括垃圾分类箱、造纸厂、图书馆等资源进入教育的范畴，让孩子对"人与环境""人与社区"有更直观的认识，显示出家园、社区共育的良好效果。

总之，在当前的合作共育工作当中，幼儿园与家庭、社区具有同等的重要性，在家园、社区合作共育当中，幼儿园与家庭、社区必须形成深度合作的关系，在教育教学工作当中紧密联系，充分发挥出家园、社区合作共育的合力，对幼儿开展行之有效的教育，让幼儿能够获得身心健康的成长。

【学以致用】

六一儿童节就要到了，孩子们都热切盼望着节日的到来，家长们也早想着和孩子们一起庆祝节日，这时幼儿园所在社区的人员联系了班级，希望班级组织一次园外活动，共同为小朋友过一个愉快而有意义的节日。

假如本次活动是由你来负责总体策划，请你设计制定出具体的活动方案。

新时代幼儿教师开展家园、社区合作共育的能力建设

🎓 【学习目标】

（1）了解幼儿教师做好家园、社区合作共育应具备的素养；

（2）掌握新时代幼儿教师家园、社区合作共育组织应注意的事项。

🏅 【学习领航】

社会学习是一个漫长的积累过程，需要幼儿园、家庭和社会密切合作，协调一致，共同促进幼儿良好社会性品质的形成。家庭是幼儿园的重要合作伙伴，家庭与幼儿园共同担负着促进幼儿身心健康发展的重任，幼儿园是协助家长对幼儿进行教育的重要场所。

——《幼儿园教育指导纲要（试行）》

💻 【学习支持】

新来的小李老师和班上的主班老师王老师聊天。

小李老师：现在的家长真让人犯难，好心好意请他们配合孩子的教育，让他们带点生活中的废品或者让他们和孩子一起做手工，他们要么拖延，要么抱怨。

王老师：是的，很多家长确实认为把孩子送到幼儿园后，教育的事情就是幼儿园的责任。

小李老师：还有些家长太"积极"，总认为自己懂教育，要对教育说几句，还对幼儿园和我们的活动说三道四。还有些家长学历高，对教育孩子有自己的观念和做法，老是对我们的教育教学工作"指手画脚"，但我又不知道如何面对他们。

王老师：这样的家长也不少，好像现在还越来越多，家长们的素质越来越高，对孩子的教育也越来越关注。所以我们必须要更专业才行。

小李老师：那我们应该具备哪些专业能力才能做好家园共育工作呢？

一、应具备的四项素养

幼儿教师是家园、社区合作共育的核心实践者，其专业水平可能最终决定家园、社

31

区合作共育的效能和效果。《幼儿园教师专业标准(试行)》从专业理念与师德、专业知识、专业能力三个维度阐述了幼儿教师的基本要求;从开展家园、社区合作共育工作角度,幼儿教师应具备职业道德品质、专业知识、专业能力、沟通能力四项素养。

(一)职业道德品质

要做好家园、社区合作共育工作,幼儿教师要具备良好的职业道德品质:热爱教育事业,对幼教事业有定力、有毅力、肯努力;对幼儿有爱心、有耐心、有童心;同时,具备公平、公正、尊重、热情、负责、体谅、体贴、合作之心。

【案例 1-3-1】

面对来园有情绪的孩子

【案例描述】

早晨,我正忙着接待来园的孩子,"早上好!"我笑着和小朋友家长们打招呼。一转身看到 4 岁的小新一脸的不开心,在爸爸转身时嘴巴一扁,哭着对爸爸说:"爸爸,你中午来接我回家睡觉。"爸爸说:"不行,我得上班呢。""那奶奶接!""不行,奶奶走不动了。"小新哭得更厉害了。我快步走过去拉起小新的手,小新说:"老师,你抱抱我吧。"尽管忙,我还是请其他老师先帮忙接别的孩子,然后把小新搂在怀里。她两只小手紧紧地抱着我,把头贴在我的胸前。过了一会儿,她的情绪慢慢稳定了,说:"老师,放下我吧!我好了。"

(广西大学第二幼儿园 黄莉雄)

【案例评析】

案例中教师在来园环节,精神饱满、主动热情地接待孩子,对有情绪的孩子给予充分的理解和积极关注,让孩子感受到爱和安全感。这是幼儿教师的爱心、耐心、童心的集中体现。

(二)专业知识

幼儿教师的知识素养是教师了解教育事业,解读儿童行为和引导家庭教育的重要保证。幼儿教师必须具备幼儿教育专业知识、幼儿家庭教育知识,还要具备礼仪知识、社会人文知识等,这样与家长才会有更多的话题,既可与家长交流孩子教育的问题,也可粗略地与家长谈论社会生活问题,进而有更多的与家长沟通和交流的机会,从而有利于增进彼此的了解和情感。

【案例 1-3-2】

面对家长的质问①

【案例描述】

　　下午的建构游戏是在沙池玩沙。刚开始孩子们玩得挺好，也挺守规矩，我就放松了警惕，不到一分钟就听到一个孩子的哭声，我赶紧一看，呀，妞妞满头满脸都是沙，擦着眼睛，哭得可伤心了。我赶紧让旁边的老师替我盯着班上的孩子，我带着妞妞去清洗，可头发上的沙子混着汗水，怎么也处理不了，我着急得不得了。离园的时候，我向妞妞奶奶解释下午发生的事，妞妞奶奶拉过妞妞一看，立马就拉长了脸说："我们来幼儿园是读书的，不是来玩泥巴的。"当时的我缺乏专业知识，对开展建构游戏活动的底气不足，面对家长的质问，我不知道说什么，只知道眼泪汪汪地向家长道歉。

【案例评析】

　　案例中教师面对家长的指责，为什么感到无能为力？建构游戏作为孩子最基本的游戏之一，可以促进幼儿自然学科的认知与发展、审美能力与创造性的发展、手的动作与社会交往的发展。案例中教师自身专业知识不够扎实，对于建构游戏之于孩子学习发展的作用、如何开展建构游戏等专业知识缺乏，无法让家长信服。因此，如何获得家长的理解和支持，提升专业知识与专业能力，是家园有效沟通的基础。

（三）专业能力

　　幼儿教师不仅要有丰富的知识，熟练的技能，还要有一系列能够适应幼儿教育的能力以促进幼儿的发展。幼儿园教师的能力结构包括：观察与了解家长教育需求的能力，设计组织实施各项家园、社区共育工作活动方案的能力，指导家长科学育儿的能力，研究与反思家长工作的能力等。当教师能很有底气地用专业知识和家长沟通、交流时，当教师能读懂每一位幼儿，并引领他们快乐、自信、蓬勃地成长时，当家长遇到育儿困惑，教师能热情地帮助，让问题迎刃而解时，他们对教师才会产生发自内心的尊重，家园合作也将会更和谐高效，焕发出勃勃生机。

---

　　①　孔繁荫. 农村幼儿园开展建构游戏支持性策略的研究——以宜宾市农村幼儿园为例［D］. 成都：四川师范大学，2017.

【案例 1-3-3】

没有得到奖状的琦琦

【案例描述】

今天大班组开展幼儿趣味数学比赛，在幼儿园门口提前等待结果的琦琦奶奶非常关心比赛结果，似乎自言自语，又似乎有点显摆："我家琦琦聪明，做算术题又快又对……"正说着，大班的孩子们在老师的带领下来到园门口等家长接。老远就看到几个孩子的手里拎着奖状，琦琦奶奶凑近一看，琦琦手里没有，脸上表情一下变了。

奶奶："琦琦，你的奖状放在书包里了吗?"

琦琦(低下了头)："我……我没有得到!"

周老师："奶奶，其实琦琦挺能干的……"周老师正想解释一下琦琦的记忆力很强，但是灵活运用度尚为欠缺。可不等她说完话，奶奶就打断了她。

奶奶："行了! 行了! 你们不是每次都说琦琦很能干的吗?!"随后拉着琦琦气呼呼地走了。

【案例评析】

在上述案例的沟通情境下，面对充满焦虑的琦琦奶奶，没有奖状使得琦琦奶奶的自尊心受到了挑战，在一对一情境下其能够接受对孩子"很能干"的评价，而在当众的情境下，孩子没有得奖她就不能接受了。

在日常的家园部分幼儿教师为了求得家园沟通的"安全性"，推崇使用多表扬幼儿，给幼儿正面评价的程序模式，说幼儿不足的地方也先正面肯定幼儿再说缺点。但这种不看沟通场景，评价幼儿使用套话事实上是缺乏诚意的沟通。有些教师表面的赞许，如说着"你真棒!""某某小朋友还是很不错的"等没有个性特征的表扬语言，同时伴随平静的表情，其实并没有传达真诚和肯定，反而显出隔离感。因此，教师仅仅告诉家长孩子表现得好、很受老师与同伴喜欢，是不够的。

面对充满焦虑的家长，幼儿教师可以开展以下工作：(1)理解接纳是面对焦虑型家长的前提。(2)交流沟通是梳理家长焦虑原因的必然途径。(3)专业指导是帮助家长缓解焦虑的根本之策。对于琦琦奶奶，幼儿教师可以设计精巧的故事来说明"玩中学"，从家长承认幼儿喜欢"玩"数学游戏说起，逐步引导家长明确"玩"就是幼儿学习的方式，进而使家长意识到以后也要采取"玩"的方法陪孩子学习。在这个过程中，幼儿教师要表现得轻松自然、落落大方，彰显自身的职业水准。

（四）沟通能力

沟通能力是幼儿教师必备的一项重要能力，如何观察父母与孩子的关系，如何与家长、社区沟通等都是幼儿老师必须面对的问题。

【案例 1-3-4】

错位的纽扣

【案例描述】

离园时，刘老师发现琳琳的衣服挺别扭，仔细一看，原来是纽扣扣错位了。在刘老师的指导下，琳琳笨拙地拧开了一个又一个纽扣，准备重扣。正在这时，琳琳的妈妈出现在活动室门口，显然她已经看到了一切，脸上写满了不高兴。只见她快步上前，动手要帮琳琳扣纽扣，刘老师轻轻拉住她，说："瞧这衣服模样，就知道肯定是琳琳自己穿的，琳琳能够独立扣纽扣，这是一件很值得高兴的事情，让她再练习一下，相信她的小手更灵活，你说对吗？"琳琳妈妈听了刘老师的话，似乎悟出了什么，脸上慢慢由阴转晴，笑眯眯地对琳琳说："乖孩子，慢慢扣，妈妈等着你。"

【案例评析】

案例中的教师说话很机智，能利用沟通的技巧，瞬间将自己的教育理念融入话语中，扭转不利的沟通氛围，让家长对孩子和老师都由不满转向满意。

二、应注意三个事项

组织好家园、社区合作共育活动，幼儿教师除了需具备相应的职业道德素质、专业知识、专业能力、沟通能力等，还需树立正确的家长观，灵活处理好教师和家长们的观念与行为之间的差异并求同存异。因此，要使幼儿老师在家园、社区合作共育中发挥最大功能，幼儿教师要努力做到以下三点：一是创建平等、相互尊重的家园、社区合作共育关系，二是以幼儿的发展为基石，三是合作共育应具有多维性。

（一）创建平等、相互尊重的家园、社区合作共育关系

在家园、社区共育中，教师与家长同样是教育者，身份应该是平等的，双方以平等的身份，以相互尊重为前提，才能平等地交流沟通和讨论自己的观点，实现富有成效的

沟通。如果教师过分地以专业的教育者自居，不能够设身处地理解、尊重家长的教育理念和教育方式或"自说自话"，就会在家园、社区共育活动中"孤掌难鸣"，或在教育方式方法上与家长产生分歧；同时，家长也要理解，教师的教育对象为全体孩子，避免提出一些过分的要求和产生一些不必要的误解。

 【案例 1-3-5】

走过场的亲子扎染活动

【案例描述】

一次新年亲子联欢活动，某带班老师组织了一个扎染活动，老师先请家长和幼儿共同欣赏扎染作品，然后讲解、示范扎染步骤，最后，家长和幼儿用几分钟时间完成一个扎染作品。就这样，新年亲子庆祝活动结束了。

【案例评析】

充分的沟通是家园活动得以有效开展的必要前提，案例中的幼儿教师缺乏与家长之间的有效沟通，一方面，家长对新年扎染活动的目的缺乏了解，很难积极有效地参与其中；另一方面，教师对家长的需求也了解得不够，不能有针对性地就家长关心的议题策划相应的活动。因此，案例中老师唱独角戏，活动走过场，新年亲子庆祝活动中应有的喜庆气氛及浓浓的亲子情感没有体现。

针对以上情况，第一，与其教师绞尽脑汁为开展什么形式的新年联欢活动而苦恼，为准备材料而费时费力，不如发动家长的力量，与班级家委会成员一起开会讨论，或者在班级群里发"征集令"，征集新年活动的创新方案，然后请全班幼儿和家长进行投票决定，共同确定活动方案。接下来分组分工，幼儿与家长共同完成活动的各项准备工作。

第二，家长群体中藏龙卧虎，教师可以制作"班级家长档案"，了解每位家长可以为班级工作提供的支持，充分利用家长资源开展家园、社区共育活动。

(二)家园、社区共育应以幼儿的发展为基石

幼儿的发展是家园、社区共育的目标，因此，幼儿教师与家长会以幼儿发展为中心进行经常性的双向交流。教师要用专业品质赢得家长的信任与尊重，专业品质的落脚点就是幼儿的发展。教师要随时向家长介绍孩子的一日生活、学习情况、进步与不足，家长也要向教师反映孩子在家里的表现与变化。双方相互商讨、沟通，取得共识；有了共

识，才能做到共育。

（三）家园共育应具有多维性

家园、社区共育不仅仅指教育本身，还包括对家庭、社区进行组织工作，开展家庭、社区活动，以及创造一些具有建设性的共育方法。家庭、社区参与幼儿园教育，可促进幼儿园增强开放性。社区中隐藏着丰富的教育资源，同样社区中的人们也需要接受科学育儿知识的熏陶。而家庭正是连接幼儿园与社区的桥梁，它促使幼儿园更好地向社区开放，并与社区有机地结合起来。可以说，三者紧密联系，统一思想，资源共享，就能形成巨大的教育合力。

以往传统的与家长社区沟通的方式固然重要，但是处于科教前沿阵地，教育事业面临全新的技术挑战，教师有必要利用最新的科技手段，利用现代信息技术实现教育问题共商，教育资源共享，全方位构建与家长、社区的沟通渠道。

【案例 1-3-6】

让孩子"自然生长"的家园共育策略

【案例描述】

一个下雨的早晨，值勤老师急匆匆跑进班级喊我过去："你班的一个小女孩一定要妈妈的雨伞，妈妈要撑着它回家呢。"我赶到幼儿园门口，只见盼盼双手紧握着妈妈的雨伞，哭闹着不肯松开。见此情景我甚是诧异："奇怪！平时懂事温顺的小姑娘，今天怎么会大发脾气呢？"在我的协调下，妈妈把雨伞留给了盼盼，和其他顺路的家长合用一把伞回去了。盼盼撑着伞急切地告诉我："老师，我想去种植园看向日葵！我一个晚上都没有睡着，一直担心我的向日葵会折断，因为它的花盘很大，不下雨的时候它已经弯下来了，夜里雨下得那么大，我怕花盘里面有了雨水太重，会折断。"她一口气说了那么多，眼里满是焦虑："我还担心下雨天向日葵会没有朋友。因为我天天去看它，下雨天我没有雨伞的话，就不能去陪向日葵，它就没有朋友了，它一定会很孤单的。"我边听边紧跟着盼盼匆忙的脚步，往向日葵种植园奔去……

我把"盼盼为了看望向日葵对妈妈发脾气"的事件发在了家长群里，立刻引起了家长们的积极回应，家长们各抒己见，通过网络平台传递了自己的感受和建议。

盼妈妈：谢谢老师！我急着上班，没去想孩子为什么会发这么大的脾气，幸亏你说"盼盼发脾气一定有她的原因"提醒了我，很高兴我把雨伞留给了盼盼。

昕妈妈：好有爱心和责任心的宝贝，她的想法太让我感动了。

毅妈妈：无理取闹的脾气背后竟然隐藏着如此纯真、善良的友爱之心。以后我们要多听听孩子的想法。

我意识到这次"盼盼争雨伞"是一个很好的家长科学育儿的指导契机。我根据家长的反馈，结合《3—6岁幼儿学习与发展指南》理念在家长群中倡议"让孩子像植物一样自然生长"，并梳理出了一系列的教育建议分享给家长。在讨论、反馈之后，家长们对相关育儿理念达成了共识：幼儿有独立的思想和自己的情感意识；他们是积极、主动、有能力的学习者；家长是幼儿成长之旅的支持者和合作者，要鼓励幼儿在解决问题中自主学习、发现自身蕴含的成长力量，让孩子真正成为学习和发展的主人。

【案例评析】

案例中的盼盼在种植向日葵的过程中与向日葵结下的深厚情感，在她与妈妈争执的那一刻爆发了出来。"看望向日葵"的愿望让家长们感受到孩子特有的思维方式和情感体验。案例中的老师敏感地捕捉到这个家园共育的契机，通过家长群这个网络交流平台，一方面让家长感受到教师对孩子的尊重与理解，另一方面用专业知识、专业能力赢得发自家长内心深处的钦佩与赞赏。

幼儿教师利用自身专业品质，通过幼儿园网络平台、QQ群等分享孩子的幼儿生活日常和成长点滴，这种民主互动的方式让家长分享到了幼儿在园的多元化信息，促进了他们对幼儿成长的参与和思考，也让他们感到了被认可和尊重。家长在充分参与探讨的过程中教育观念得到改变，教养方式日渐科学，家园互动也更为紧密、融洽。

综上所述，做好家园、社区合作共育工作需要幼儿教师具备良好的职业道德、丰富的专业知识、扎实的专业能力，以及良好的沟通能力。在开展家园、社区共育活动中，还需创建平等、相互尊重的沟通平台，应以幼儿的发展为基石，开展多维度共育工作。

【学以致用】

请你查找资料，确定将你所在城市的一所优秀幼儿园作为实践活动对象，对该幼儿园幼儿教师以及幼儿班级进行走访，了解教师对幼儿园家园、社区合作共育工作的心得，以及班级中有关家园共育工作的设计和布置，对走访成果进行记录。

新时代幼儿园与家庭、社区合作共育的指导策略

【学习目标】

（1）掌握幼儿园与家庭、社区合作共育的策略。

（2）运用幼儿园与家庭、社区合作共育的多种策略开展共育工作。

（3）树立正确的家园、社区共育理念。

【学习领航】

当不同的孩子齐聚幼儿园时，老师面临的挑战就在于要用不同的标准、不同的方法去对待每个孩子和家庭。家园、社区共育的沟通方式可以是因人而异或者因事而异，比如家长性别的不同、年龄的不同、受教育程度的不同、对孩子期望值的不同等。在和家长进行沟通时，针对以上不同类型的家长，我们要知道他们的关注点分别是什么，用什么方式更容易与他们达成共识，这是因人而异；比如日常交流孩子的情况时、孩子出现问题时、需要布置工作时、孩子在幼儿园受到伤害时以及家长带有情绪时，每一种情况提前做好相配套的预案或方案，这是因事而异。

【学习支持】

幼儿园与家庭、社区之间是平等互助的关系，尤其幼儿园和家庭是一个平等、互助、融合的学习共同体。在这个学习共同体中，幼儿园既不能像传统的家园关系，教师主导，家长听从；也不能教师完全退后，家长完全主导。因此，在构建合作共育的幼儿园与家庭、社区关系中，教师要在幼儿园的指导下不断提高自身素质，充分发挥专业特性，巧妙把握住"退"与"进"的原则，在危机管理中化"危"为"机"，巧用"云"助力。

一、善于"退"与"进"

（一）教师依据自身的能力水平，决定合作共育活动的开放性

教师自身的综合能力，决定着设计共育活动时的开放与互动程度，即进、退程度。

经验丰富的资深教师，可以组织高开放和深度互动的家园、社区共育活动，如体验互动式家长会、焦点问题式的家长学校、与社区超市共同组织的共育活动；这种高开放和深度互动的共育活动更好地促进家园、社区共育关系，体现教师的专业程度，但也要求教师具备较强的临场反应和应变能力、扎实的专业能力、灵活的表达与沟通能力等综合能力，对教师自身素质要求很高。而对于各方面能力有待提高的青年教师而言，"结构化"的家园共育活动更容易把控。所谓的"结构化"共育活动，指的是教师在预先设计好的内容范畴内鼓励家长深度参与，积极体验。

【案例 1-4-1】

"高结构"的家长沙龙活动

【案例描述】

按照幼儿园的安排，新教师小黄老师和带教师傅胥老师需要组织小一班的家长会。小黄老师进行了长时间的准备并写好文字稿，家长会上一一向家长介绍：本学期的工作重点、培养目标、需要家长配合的工作。有的家长拿着笔和本子边听边记录，也有的家长在玩手机，时间长了，有的家长开始打哈欠。

针对这一状况，小黄老师很困惑，自己辛苦准备的内容，为什么家长们不感兴趣？她请教了带教师傅胥老师。在胥老师的指导下，小黄老师分析了家长们的来源结构，因为是大学的附属幼儿园，家长们几乎是高学历高素质人群，且对亲子阅读方面内容有兴趣。针对亲子阅读问题，小黄老师设计了问卷星，调查家长在亲子阅读中最困惑的问题是什么，然后梳理调查结果，将家长沙龙的研讨问题聚焦在以下三方面：一是儿童绘本选择的原则与方法，二是幼儿阅读兴趣的激发与培养，三是亲子阅读开展的方法与策略。家长沙龙中，围绕着这三个问题，小黄老师和胥老师做好分工安排，小黄老师通过优秀经验分享，介绍绘本阅读设计与绘本游戏体验等方法；而胥老师组织家长自由研讨，让家长充分围绕这三个问题进行研讨。

【案例评析】

案例中这种围绕主题预设好所有问题流程的"高结构"的主题式家长沙龙活动更适合青年教师，因为教师事先可以围绕这三个问题进行充分准备，在活动过程中也能及时根据家长的讨论进行回应、总结与提升，是与教师能力相匹配的一种活动形式。

针对同样主题的家长沙龙活动，经验丰富和能力较强的骨干教师可能在活动设计上更加"低结构"，更加开放与宽松。骨干教师除了引导家长重点解决调查中发现的三个普遍问题之外，也可以鼓励家长在沙龙现场再谈谈亲子阅读的困惑或问题。在现场更加具体的问题情境中，骨干教师可以根据一些个性化的话题生成即时性的研讨。这样的家长学校活动过程会更加生动鲜活，研讨的内容也更具适切性和个性化。

（二）针对不同类型对象，有的放矢组织家园、社区共育活动

家园、社区共育活动中不同类型对象的受教育程度、教育观念、年龄等多方面因素，决定着共育活动的开放、互动程度，进退程度。教师在设计家园、社区共育活动时，针对高素质、高学历的家长，可尽可能发挥家长的主体作用，让家长在充分的交流与沟通中碰撞智慧、明晰问题。如体验式游戏、辩论、研讨等形式，家长学校的话题也可以更深入和专业。对于祖辈家长，教师活动中要考虑到开放性活动的适宜性，祖辈参与的可能性。一方面要注重挖掘祖辈家长育儿的智慧，另一方面也要及时更正他们的一些错误教育观念。如，通过对比呈现幼儿独立自主地在园生活现场与幼儿喜欢依赖成人的在家生活现场，帮助祖辈家长反思自己在教育过程中的包办替代带来的影响。

【案例1-4-2】

"低结构"的家长沙龙活动

【案例描述】

在亲子阅读家长沙龙中，小黄老师围绕绘本选择的原则与方法、幼儿阅读兴趣的激发与培养、亲子阅读开展的方法与策略这三个问题进行分享。

分享结束后，大部分家长频频点头表示赞同，泽泽妈妈却举起了手："我们家孩子在看绘本的时候专注力不够，每次看了两三分钟后，就会说光头强、熊大熊二、奥特曼这些动画片里的人物，现在最大的问题是不知道怎么让孩子能更专注地阅读。"

黄老师没有立即回答问题，而是将问题抛给了在场的家长："如何保持孩子的阅读专注力？其他家长遇到过类似的情况吗？请问你们是怎么做的呢？"

子睿妈妈立马接过话："那就让孩子选择他感兴趣的绘本，孩子不专注，可能是因为孩子对你选的绘本没兴趣。"

倩倩妈妈接着说："对于孩子感兴趣的绘本，我们家一开始是讲给孩子听，后来让孩子讲给我们听，她就天马行空地掰，经常这个绘本故事的头接着另一个绘本故事的尾，我们也不拆穿或打断，搬着小板凳听，可劲地鼓掌，那一段时间她看得特别多，讲得也多。"

可欣妈妈："还可以布置一个安静舒适的阅读角，买个专属的绘本小书架让孩子随手取书，铺上小地毯，装上孩子喜欢的阅读灯，用环境引导孩子喜欢读书。"

……

【案例评析】

　　案例中，胥老师从家长的需求中聚焦问题，巧妙地将问题转化为可以互动或讨论的话题。在搭建好家长沟通的平台后，适当地放手和退后，通过以退为进的方法，引导家长发挥主体作用，促进家长在家长学校活动中的深度参与，让家长之间形成沟通互助的关系，鼓励家长之间的融合共育。但家长之间沟通交流的内容往往更具有情境性和迁移性，这时候教师的主导作用在于，分析家长做法的优势和劣势，以专业教育者的角色进行总结提炼与升华。

（三）巧妙借力"抛球"，引发思维碰撞

　　在互动性、开放性程度高的共育活动中，家长有更多机会表达自己的观点与问题，当家长向教师抛出问题时，教师可以耐着性子等一等，不急于解答，退后一步，同时尝试将球抛给其他家长，引导家长之间的沟通与交流。另外，在家长们针对某个问题的头脑风暴中，如果出现一些观念上、认识上的根本问题时，教师要能敏感地识别，及时提出与澄清问题。与此同时坚持专业教育者的立场，体现教师的专业性，该进则进。

【案例 1-4-3】

家长沙龙活动中智慧的"穿针引线"

【案例描述】

　　关于亲子阅读的话题还在继续热烈地讨论着，方琳妈妈提道："有一些绘本是没有字的，我们家在给孩子讲这类无字绘本前，要先对好台词，否则爸爸讲的故事是一个版本，奶奶讲的故事是一个版本，我讲的故事又是另一个版本，不同版本的故事就要'打架'了……"

　　听完了各位家长的经验分享，胥老师适时总结："不愧是大学里的家长，对于'如何保持孩子阅读专注力'的话题，我们高素质的家长们各种支招，从选择合适的绘本的角度、从加大孩子的参与度和给予孩子成功体验的角度、从阅读环节创设的角度，全方位地解答了这个问题。但同时，有一位家长说到，不同家庭成员之间统一无字绘本故事内容后再给孩子讲，家长们有时候可能追求的是给孩子讲一个'准确'的故事，其实孩子的阅读过程恰恰是对孩子的想象力、创造力、阅读能力等全方位的培养，所以，在绘本阅读中，我们还要关注孩子对于绘本的理解与认识。孩子对绘本的理解，这又涉及另外一个问题，亲子阅读中如何向孩子提问？……"

【案例评析】

案例中，胥老师以专业教育者的角色对家长们的分享进行总结与提炼，同时也指出部分对于"亲子阅读"的误解观点："在家庭亲子关系中，孩子可能处于被动听故事的位置，家长在绘本阅读中忽视了幼儿自身对图书的理解与认识"，主动引导家长思考这种亲子阅读方式的适宜性及其背后反映的教育观念问题，帮助家长理清基本的观念问题。此时，教师坚持教育者的专业性，该进则进，适当地给予家长一些专业的帮助与解答，教师的专业地位也会表现得更强。

二、适时化"危"为"机"

（一）及时沟通协调，多方合力化解矛盾

危机事件、家园冲突爆发往往会造成严重的后果，在家长与幼儿教师之间容易产生信任危机与心理裂痕，在家长与幼儿园之间容易产生负面影响，甚至会影响到幼儿园、幼儿教师行业的声誉。常见的危机事件、家园冲突包括：幼儿园外部各类公关危机，如"虐童""喂药"等事件对幼儿园及行业的影响，家长非理性卷入幼儿冲突、幼儿受伤、家长提出不合理要求、家长产生不满情绪等问题。爆发的原因可能是幼儿园过错、幼儿教师过错或家长过错。面对种种不同的危机事件的起因，教师一发现应第一时间报告幼儿园，幼儿园要及时了解各方情况，发挥专业机构的专业能力，与家长协调沟通。

首先，在危机事件发生时，迅速成立领导小组，幼儿园及教育行政部门等相关机构要形成合力化解矛盾。与危机事件对方、家长沟通协调时，要注意沟通的内容、沟通的方式以及沟通的时机与效率。

其次，负责沟通的幼儿教师应秉持真诚的沟通态度，详细了解冲突、矛盾的情况以及危机事件对方、家长的需求等信息，面对不同类型的对象，可以采用不同的方式。同时，沟通人员要注意把握沟通的时机，以免让对方产生幼儿园、幼儿教师"不作为"的感受。

【案例1-4-4】

幼儿受伤后的沟通技巧

【案例描述】

某幼儿园小班的幼儿刚刚入睡，一名幼儿用手撑住脑袋，身体呈"海豹状"俯撑在

43

床上，然而一个不小心，该名幼儿手没撑住，嘴巴磕到了床边缘，随即大哭。午睡值班老师听到后立马报告园医处置，园医在消毒完伤口后判断幼儿伤势不严重，涂了处理伤口的常见药后便可继续在园活动。为了让幼儿家长了解情况，老师拍下了园医处理后的伤口图给家长，征求家长是否需要就诊的意见。园方领导也及时了解了情况，并与班上老师联系对接，以了解幼儿情况和家园沟通的后续情况。

家长意见让幼儿继续参与活动至放学，于是在放学时教师又与家长简单说明了受伤发生的情况。然而，家长回家后不放心幼儿伤口，打算带幼儿就诊，班主任立即将情况上报给了园方，在园方建议下班上老师赶往医院进行了慰问。班上老师与家长一同听取了医生建议和伤口护理方式，老师们也对幼儿在园的伤口护理表示了特殊关注，并再次确认了护理注意事项，缓和了家长担心的心情。最后老师给幼儿送去了慰问礼物，也与幼儿约定了要勇敢地做好口腔处理。

在口腔伤口恢复的一周里，老师每日都会用照片记录餐食情况给家长反馈，以让家长了解幼儿在园饮食，如碰上幼儿由于伤口原因无法进食的食物，得以让家长知晓，并在家中给幼儿进行其他食物的替代补充。

（广西幼儿师范高等专科学校实验幼儿园　赵静娴）

【案例评析】

意外发生后，教师及时发现并告知园医和园领导，园医对幼儿伤口进行了及时处理，判断伤情是否要送医，能够避免延误送医的发生。教师也第一时间联系幼儿家长，如实反映情况，一方面是尊重了家长的知情权，另一方面能够征求家长的处理意见。幼儿发生安全事故，家长都会心疼担心，有的家长在言语上能够比较通情达理；有的家长可能由于情绪波动，言语或行为上会指责教师。但不论家长态度如何，作为教师应该换位思考，怀着同理心主动上门诚恳地向家长致歉，并详细介绍事故发生过程，与家长交流对幼儿日后的护理，协调好与家长的关系。在日后幼儿在园护理中，也与家长保持沟通，及时反馈幼儿恢复情况，帮助幼儿在园、在家护理相对接。

（二）重视危机公关，专人专业监控舆论

在新媒体环境下，社会公众可以随时随地地接收信息、发表观点。冲突或矛盾爆发时，部分不理智的相关人员为了引起公众的关注，可能会将不实的消息上传至网络，这就会对幼儿园的声誉以及正常运行产生不良影响。幼儿园在处理家园矛盾时，一定要重视危机公关，维护幼儿园的正常运营。

首先，要充分利用新媒体，如公众号、官微等，第一时间公布信息，赢得相关人员

及其他人员的信任，切忌为了维护自己的声誉封锁消息或编造虚假的信息。其次，要有专人负责监控线上线下的舆论环境，因为不能及时监控到舆论环境的变化，容易耽误处理冲突与矛盾最好的时机。负责监控的人员要具有一定的专业能力，及时识别舆情信息。最后，在必要的情况下，运用法律维护自身的合法权益，当幼儿园或幼儿教师受到名誉上的伤害或是人身伤害时，有必要采取法律的手段。

（三）积极反馈信息，重塑合作共育关系

家园矛盾的爆发可能会暴露出幼儿园管理工作存在的些许问题，在善后阶段，幼儿园应组织园内人员积极反馈信息，尽最大努力恢复损失，重新构建融合共育的家园、社区关系。

首先，要积极关注园内幼儿教师的心理状态。冲突或矛盾不仅可能造成家园关系的裂痕，还可能引发幼儿教师的焦虑心理问题与教师队伍的信任危机等问题。如果幼儿园不能公正地解决冲突或矛盾，会对幼儿教师造成极大的伤害，导致教师队伍的不稳定因素。所以，幼儿园在矛盾的善后期应及时关注幼儿教师的心理状态，给予辅导与疏通。

其次，幼儿园要对整个危机事件处理过程进行反思与评价。在冲突矛盾的善后期，表面上看家园矛盾已被解决，但实际上其后续影响深远。幼儿园相关人员要回顾整个冲突、矛盾发生与发展过程中人员采取的措施是否得当，各环节配合是否恰当，通过复盘与重新梳理应对危机事件的流程与机制，努力寻求最优的解决办法。

最后，要针对问题重新修订危机事件管理预案，改进管理工作。危机事件受其社会背景、个人背景的影响，成因复杂，所以幼儿园管理人员要根据实际情况来判断是否需要重新修订预案，形成危机事件典型案例合集，对教师进行培训提升危机意识，并部署接下来一段时期内的恢复工作。

【案例 1-4-5】

一个网络帖子引发的风波①

【案例描述】

某幼儿园是一所民办寄宿制幼儿园，硬件良好，规模颇大，师资力量较强，在当地有着较好的口碑和影响力。孙园长在该园工作多年，将幼儿园管理得井井有条。

一天，分管后勤工作的副园长突然告诉孙园长，在当地的"教育视窗"网站论坛上，有一篇帖子涉及该幼儿园。孙园长打开电脑，找到了那篇名为《××幼儿园老师把孩子

① 周丹，江东秋. 卓越园长 21 条——幼儿园管理策略［M］. 南京：江苏教育出版社，2012：178-180.

的菜打包带回家》的帖子，其中说道："尊敬的孙园长：我是××幼儿园大三班幼儿的家长，我向您反映一个亟待解决的突出问题，就是班上老师把孩子的菜打包带回家。此事我一直想对您说的。不管怎么说，每个孩子都按规定交了一样的伙食费，无论小孩吃不吃，他们都有权利得到应得的一份。现在的小孩子很懂事，在幼儿园里不敢说，回家来一讲还不要我们向老师提，我们感到很寒心。请孙园长百忙之中抽出时间认真整顿一下，让孩子们吃好，不要影响到孩子们的身心健康，让家长真正放心。拜托了。"

帖子是2月3日发的，离副园长发现这篇帖子上线已经4天了，其后已经有数十人进行了跟帖。有的网友跟帖说："这个事也能干出来？真丢脸！不过感觉在民办幼儿园也正常！"也有网友认为不太可能发生这样的事情："应该不会吧，你可以到幼儿园网站上去留言询问是否属实。"

孙园长对此十分重视，马上在论坛连续跟帖表示："家长朋友您好！今天一早我们幼儿园成立了调查小组，已经对您反映的问题做了细致的调查，现将具体情况反馈给您。我们首先将最近一段时间大三班幼儿用餐全过程的录像做了回放，根据录像的内容，我们没有发现老师有您上述的这种情况。他们班的幼儿饭量较好，在幼儿用餐的过程中，配班老师一直在教室看护孩子用餐，主班教师在用幼儿园提供的工作餐，而且大三班幼儿的食量非常好，录像中可以看见保育老师跑了两次厨房为幼儿添饭加菜。除此之外，我们还找老师了解了情况，班级老师说：'我们不会做出这种让人看不起的事情，我们家里不会穷到没有菜下饭，而且幼儿园各班都有摄像头，我们不可能明知故犯，给自己找这种麻烦。这学期，我们唯一一次吃孩子的东西是在迎新年包饺子活动中，当时班上的家长都在参与，饺子煮好以后，我们首先请孩子端一碗送给家长，然后孩子自己吃饺子，后来家长邀请老师也来分享他们的劳动成果，这样，我们三个老师就一人装了一碗。'家长朋友，不知道我们给您的反馈能否让您了解事情的原委，对这件事给您带来的困扰我们深表歉意！伙食方面，我们幼儿园对于孩子的饭菜包括点心是不限量提供的，孩子不够吃的，幼儿园厨房有备份。如果您还有什么需要和我们交流的，可以直接拨打我的电话……"

该家长帖子涉及的两位老师也备感压力和委屈，她们情绪激动，没法工作，要求孙园长澄清事件的真相，恢复自己的名誉。

在等待了三天之后，孙园长又发帖要求那位家长到园里说明情况："家长朋友您好！您在帖子上提到的这件事情我们已经做了回复，不知道您可有关注？现在，我以幼儿园园长的身份请您站出来，请您来到我的办公室！我们大三班的两位老师要求幼儿园还她们清白，保护她们的声誉。她们说如果事情属实，她们会自动辞职，因为做出这种低级事情的人不配为人师表。既然幼儿园做了调查，事情并非家长所陈述的那样，她们就必须为自己澄清这无中生有的事情。为了能更好地给家长和老师一个交代，我们请办公室保留了录像内容。所以请您务必配合我们的工作，我们将会为您和老师提供一个交流的平台！"但最终孙园长也没见到那位家长身影。

最后，孙园长安排人员将这个因为家长发帖投诉引起，投诉人又缺席参与调查的事件的结果，在本园网站上公布出来。幼儿园回复平静。同时，孙园长还带领几位副园长认真排查了幼儿园可能存在的各类危机发生的因素，并制定了相应的应对预案。

【案例评析】

（1）这是一个社会层面的危机。

从案例的叙述来看，2月3日这个"家长"在论坛发帖"投诉"该园教师将孩子们的饭菜打包带回家，园方在得知此事之后，比较迅速地加以跟进调查，并在无法得知该"家长"联系方式的前提下，一直采取跟帖的方式，把自己愿意对此事一抓到底的决心表达出来，然后根据监控录像资料进行调查，发现没有证据证明老师将饭菜打包带回家。孙园长非常诚恳地多次要求该"家长"到自己办公室说明情况，该"家长"却始终没有再露面。这不禁让人顿生疑窦。随着适龄儿童绝对数量的减少，民办幼儿园生存和竞争的压力日益增大，利用非正常手段对付竞争对手的事例，在民办教育界并非鲜见。在论坛中，也有一位家长这样说："我孩子也在这个幼儿园，我想应该不会吧！这年头，谁家还缺口吃的呀！再逆向思维一下，这位家长是不是真正的家长？是否有'借口'说话的可能呢？"因此，这起帖子案更有可能是一种基于不正当竞争的社会层面的危机。而这种危机处置不利的话，将会造成幼儿园品牌形象的巨大损失。

（2）该幼儿园的危机处置行为基本适当。

这个帖子出来后4天才被园方发现而作出回应，有点滞后了。但此后园方的处置方式还是基本得当的。首先，园方表达了对此事的严重关切，并表态如果属实一定严惩。其次，迅速跟帖邀请该"家长"到园长办公室说明和交流情况。再次，迅速调出监控录像进行比照调查，弄清实际情况，并一再表示："我们是民办幼儿园，我们要虚心接受社会各界提出的建议。家长反映问题了，我们一定会重视，在解决和处理问题的时候，我们秉着公平、公正、公开的原则。所以，我再次希望反映问题的这位家长及时和我们联系，给我们提供有力的证据。如果对于这个事件中间有什么误会，那我们更应及时地交流、沟通。您迟迟不肯露面，会让我们做出多种的设想，更无法给当班老师一个合理的说法！"连续数次的表态和公布调查结果，已经把网上质疑××幼儿园管理问题的舆论引向对园方有利的角度，或者说是网友逐步看清了事件的真相。一位家长说："我认为应还老师公道。没有事实证据的事情怎么能胡说八道？我是三班的家长，我的孩子非常喜欢老师，孩子每天都吵着早点去幼儿园。放心吧，老师，我们是你们的坚强后盾，流言终究会不攻自破。希望两位老师不要受到影响，一如既往地工作。"

最后，园方将事件的原委和调查结果在自己网站上公布，以正视听。同时，对这起本来就流于虚无的事件进行了反思，并以此为契机，对可能存在的危机因素进行排查，制定应对预案。这就让一个危机事件变成了促进本园管理水平提升的机会。

当然，这一事件的确没有给××幼儿园造成很大的负面影响，园方这样处置也算是恰当和温和的。不过，如果此事真的给幼儿园造成了很大影响，比如造成孩子大面积退学、招生任务难以完成或者波及的教师因为委屈出现过激问题等，园方也有必要将此事纳入司法程序，由有关部门采取锁定发帖者 IP 地址的方式查明其真实身份，并对其进行起诉。

三、巧用"云"助力

随着互联网技术的发展以及各类移动 App 的普及，"云交流"凭借其便捷、即时、形式多样等特点在家园、社区沟通中扮演着越来越重要的角色，并日益融入幼儿园的家园共育中，基于互联网"云技术"的"云共育"已成为实现家园共育的新途径和新方式。打造适合自身情况的家园、社区"云共育"平台，家园、社区共育的途径可以由单一的语言交流转变为音频、视频、文件、图像等多种方式，还可以运用物联网、云计算、"慕课"等平台对教育、科研等资源进行整合并在幼儿园的保育与教育工作中及时做出反馈。

"云共育"针对互动对象的范围与互动内容，可以分为三个层面：面向全体家庭、社区的"云学习"、面向部分共性问题家庭的"云约会"、面向个别家庭的"云解惑"。

(一)"云"学习：面向全体家庭、社区

通过幼儿园课程与家庭指导、幼儿居家学习相链接，实现"家-园"同步成长。"云学习"，基于家长需求、幼儿现状，有针对性地选取适合幼儿学习方式、年龄特点的游戏小资源、习惯养成小打卡等资源，以网络推送的方式进行资源传递共享，帮助家长与幼儿更有效的亲子陪伴，支持和引导孩子培养生活、学习、运动好习惯，帮助家长改进育儿理念，掌握科学的育儿方法，在生动有趣的互动中实现"家-园同步成长"。

👥【案例 1-4-6】

在"疫"样的假期里宅家也成长——看！我变身家务小能手啦！

【案例描述】

疫情期间如何与家长进行沟通与科学育儿理念的宣传，我们幼儿园利用微信公众

号，发起了号召："这一次的疫情，让时间变慢，让我们能更细致地照料孩子，同时，也给我们提出了更多反思——在病毒面前谁都不可能是金刚不坏之身，每个人都被带进了或大或小的困境。在我们身边无忧无虑的孩子，总有一天要自己面对风雨。现在，孩子们可以为未来的独立生活做怎样的准备呢？"我们在公众号中分享了做家务让孩子在动手操作与自主学习中习得专注、坚持、不怕困难等学习品质，通过"课堂小贴士"列举各年龄阶段孩子心理发展特点和幼儿家务参考表。

"4—5岁幼儿的运动机能进一步发展，但是精细动作发展还不完善。因此，家长们可以有意识地鼓励这个年龄段的幼儿尝试各种促进小手肌肉发展的家务活，如：包饺子、择菜等。"

"4—5岁幼儿家务参考表：

1. 用抹布刷子清洁桌椅、家具；

2. 餐前摆放餐具、餐后收拾餐具；

3. 分类收衣服、叠衣服、叠大小适中的被子、准备第二天穿的鞋袜；

4. 包饺子、捏小面包、择菜、和家人配合制作简单美食；

5. 照顾花草、宠物，清洗玩具。"

另外，还附上让孩子喜欢上做家务的四个小秘诀。

最后，还征集了幼儿园里这个年龄阶段孩子在家里和家人一起做家务的图片、视频剪影。通过这一"云课堂"的学习，参与"我变身家务小能手啦"小活动的家庭热情高涨，家长们纷纷表示疫情期间的亲子关系越来越融洽。

（广西大学第一幼儿园　黄慧文　卫茵）

【案例评析】

"疫情背景下如何建构家园互惠关系？"是幼儿园家园互惠关系研究的重点课题。案例中幼儿园在疫情期间，利用不同传播媒介的侧重点，把握家园共育中家长不同类型的角色，以合适的交流方式进行有效沟通；聚焦幼儿健康发展问题，以"向好"解决问题的传播方式有效处理，及时有效传播信息，共建家园共育的信任平台。

（二）"云"约会：面向部分共性家庭、社区

在幼儿兴趣小组的基础上，鼓励家长根据自身共性的需求，自发组建"家长联盟"，如"亲子阅读交流群""亲子运动交流群"。群组互动相较于面向班集体层面的互动，既有一定的开放性，成员之间又有更多的共性，为幼儿与幼儿、家长与家长之间开展更加深入的交流提供更好的基础。如对于大班的幼小衔接问题、新小班的入园焦虑问题等，

幼儿园都可以通过各种"云技术"，帮助家长有效应对幼儿教育中的各类成长问题。

【案例1-4-7】

我与小学的一次"云"相会

【案例描述】

　　"小学是什么样的？和幼儿园一样好玩吗？"临近毕业季，每每走在班上，大班的孩子们都在热火朝天地讨论关于上小学的话题。然而在疫情期间，我们无法全体走进小学参观。但在现代信息技术的支持下，老师们想出了一个好办法——以"云游"方式帮助孩子们找到有关小学的答案。

　　于是，在遵守小学给出的规定下，每个大班派出了三名"小记者"，代表大家来到了西大君武小学，他们将通过现场连线的方式和教室里的小朋友们进行实时互动。

　　幼儿园教室里的这一端，小朋友们都迫不及待地守在屏幕前观看前方发回来的实时报道。在小学里，"小记者"们在小学生姐姐的带领下到校园的各个地方进行参观。"小记者"们用镜头"带着"所有大班的孩子参观了小学的样子。大家从镜头中看到了小学的操场、教室、音乐室、餐厅、寝室、医务室、手抄报展览区等，还听到了小学生姐姐细致的讲解。"小记者"们带着小朋友们提出的问题在采访小学生，听了小学生的回答，大家的问题都一一得到了解答。

　　"云"游结束之后，孩子们纷纷兴奋地畅聊着小学与幼儿园的不同，还用画画的方式记录下来这次"云游小学"的感想和收获。

（广西大学第一幼儿园 陆晓慧）

【案例评析】

　　案例中，"幼小衔接"不局限于传统模式，突破了以往时间与空间的限制，在互联网与教育的纵深融合下，从面对面的现场互动走向多维度空间与时间传播范式。因此，有效的信息技术传播策略可以为幼儿园、社区互育提供保障。

（三）"云"解惑：面向个别家庭

　　"云解惑"的目的是针对不同家庭在亲子陪伴、育儿中提供个性化互动需求，如特殊儿童的家园辅导、部分幼儿的行为习惯改善、有特殊需要的家庭的关怀等，制订个别互动计划，开展个性化家庭指导。例如，小语平时很不自信，不敢和教师、同伴交流。妈妈询问教师可否每个周末和孩子进行一次视频交流，多多鼓励她。了解到家长的需求后，教师和家长一起制定了更完整的"辅导方案"，逐步帮助孩子建立自信。

【案例 1-4-8】

"英雄联盟"家长群

【案例描述】

　　最近发现几个孩子扮演"英雄"打斗频率越来越高！特别有一天下午起床时，两个男孩互相推搡，旁边的两个男孩看见了，立刻以"警察"身份加入打斗中，有一个男孩还在旁边说了句"打得好"。

　　这几位孩子的家长都比较关注孩子的成长问题，只是对孩子出现的攻击行为采取的教育方式各不相同：有的直接打孩子，有的说教式地跟孩子讲道理，有的直接处罚（不给买玩具、不能出去玩等）完事。他们采用的教育方式并不能很好地帮助孩子建立正确的交往、解决问题的行为模式，下次孩子还是犯同样的错误。我冷静分析了问题产生的缘由，并仔细思考怎样有效与家长沟通，最后采取利用微信平台与家长有效沟通以达成教育共识，组建起"英雄联盟"小群，这样既能有针对性地讨论问题，又能保护孩子和家长的教育"隐私"，让家长更能积极沟通。

　　在与家长们的沟通中，我发现家长和孩子谈论此问题时更多是强调其"犯的错"，这是指责。而教育更注重的是引导。我把孩子交往中的"矛盾"视频和教师与孩子们针对"英雄"话题讨论的视频分享到"英雄联盟"小群中，让家长了解：对于打人的行为孩子们都知道这是不对的，但他们缺少的是面对具体状况的处理方法，这时候的谈话应该是帮助孩子明晰"发生了什么——采取的行为有没有达到预期目的——还可以采用什么其他办法——如何补救"，通过这样的谈话步骤才能帮助孩子学会正确的处理办法。

　　带给家长教育观念的新思路后，下一步是帮助家长将新理念迁移到实际教育中。在"英雄联盟"微信群中，我设计情景让家长模拟练习，学习如何与孩子讨论问题，按照正向引导的谈话步骤改变教育策略。家长们也各自结合自己孩子在家的问题在微信群里交流，以实际案例提高正向引导沟通技能。

（广西实验幼儿园　梁静）

【案例评析】

　　大班男孩子崇拜"英雄"角色，喜爱打斗游戏，时常发生攻击性行为。其实他们在效仿这些英雄角色的背后，也是对自我进行角色定位，这个过程里他们出现的一些行为可能是正常的生理反应，但是"正常"并不代表"正确"，需要我们利用这个时机对孩子做正确的引导。教师通过小组"英雄联盟"微信群，以话题讨论、个案视频分析、教师游戏引导等方式帮助家长正确认识幼儿行为、提高科学教育方法，携手同盟共建"正向引导"家庭观。

总而言之，面对新形势、新时代、新要求的家园、社区共育工作，幼儿教师应巧妙把握住"退"与"进"的原则，在危机管理中善于化"危"为"机"，在信息时代巧妙运用"云"技术与"云"共育，拓展合作共育工作的多种维度，实现家园、社区合作共育的新途径和新方式。

【学以致用】

情境：宁宁是一个安静、独来独往的孩子，不太合群，不太与其他小朋友交流。他总是一个人玩，或者自己坐在角落看着其他孩子开展活动，从不主动参与其中。针对宁宁的这种情况，老师决定和他的家长沟通一下。

两人一组，分别担任幼儿教师和幼儿家长角色，用所学知识进行模拟。模拟时注意表现以下内容：一是老师和宁宁家长沟通时的具体说话内容和注意事项；二是老师为宁宁家长提供的解决问题的方案。

面向集体的合作共育之"策"

🔖【情境导入】

在实际工作中教师常常会发现：小班开家长会，常常是年轻的父母参加；到了大班，出席家长会的则大多是被"委以重任"的祖辈。这个现象背后的原因是什么呢？一次家长会后，一位家长向其从事幼教工作的朋友抱怨，说幼儿园的家长会"令人发蒙"。教师开会前只发了个通知，家长对内容一无所知。"家长会更像教师工作计划的通报会，教师把本学期的计划给家长读一遍，其中还有许多你们教师的'行话'，如什么纲要、指南还有活动区角等，我们听得迷迷糊糊。"还有家长反映："开家长会永远是老师一人讲、所有家长听，即使轮到我们家长提建议，老师一般也就是走个过场，会开完也就不了了之了。想要了解自己孩子的情况，往往只能等到会后再拖住老师问上几句。架不住班里孩子多啊，我们挤也挤不上去。"在这种情况下，家长自然无法从家长会上获得自己真正想要了解的信息。①

🔖【单元聚焦】

幼儿园与家庭、幼儿园与社区合作的形式与内容。

---

① 苏婧等. 幼儿园一日活动的诊断与对策［M］. 北京：北京师范大学出版社，2020.

家 长 会

【学习目标】

(1) 了解幼儿园召开家长会的原则。

(2) 明确幼儿园召开家长会的具体类型和组织策略。

【学习支持】

幼儿园家长会是学前教育机构召开的全体幼儿家长的会议。主要是园领导或班级教师向家长报告幼儿本学期或者某一阶段的工作及幼儿在园情况，家长会的主要内容包括宣传幼儿教育任务、内容和方法，听取家长意见，与家长共同探讨本园和本班中普遍性的问题，以提高幼儿园的教育质量和家长的育儿水平。家长会一般每学期召开 1—2 次，如有特殊情况可随时召开。

一、家长会的类型

(1) 从规模、范围上来分，可分为全园家长会、年级家长会和班级家长会等。

全园家长会一般针对如有关幼儿教育、安全措施、园舍环境等突发性的事件或家长关心、关注的话题和问题等特殊问题、焦点问题进行。年级家长会和班级家长会一般围绕本学期主要活动、幼儿各领域发展目标以及需要家长配合的具体工作等进行。

(2) 从时间上来分，可分为开学初的家长会、学期中的家长会、学期末的家长会等。

不同阶段的家长会工作内容不同。开学初家长会主要是让家长全面了解园所基本情况；学期中家长会家长与幼儿共同学习、提升；学期末家长会主要是让家长见证幼儿一学期的成长。小班更关注幼儿生活、健康方面内容；中班关注幼儿兴趣培养、幼儿社交能力发展；大班更重视学习品质培养、幼小衔接问题。

(3) 从内容上来分，可分为以展示幼儿成长为主题的家长会、以经验交流为主要内容的家长会、以才艺展示为内容的家长会、以某个主题为内容的家长会和综合性家长会。

以展示幼儿成长为主题的家长会是以幼儿的成长历程和成果为内容，让家长不仅可以切实了解幼儿在园的成长，也能让家长产生情感上的共鸣，继而对幼儿教师产生信任感。以经验交流为主要内容的家长会是提供家长之间相互的机会，加深家长之间的相互了解和认识，同时为后续的交流奠定基础。

（4）从形式上来分，可分为常规式家长会（讲授式家长会）、报告式家长会（宣讲式家长会）、讨论式家长会、主题式家长会、体验式家长会等。

讲授式家长会是以教师讲、家长听的方式开展，教师一言堂，家长没有机会参与讨论，发表观点和见解。

报告式家长会，也称为宣讲式家长会，是穿插家长讲座的家长会，由园领导邀请幼教专家针对本园、本年级或者本班中的教育问题开展的有针对性的讲座。

讨论式家长组织家长之间围绕着某些问题进行相互交流回答。可以采用案例法，即以视频案例、幼儿作品案例作为载体分析幼儿发展中的问题并提出对策。可以采取针对教育中共性问题进行理论探索或者个案分析，或者开经验交流会的方式等。还可以用对话讨论式，就某一两个突出问题进行亲子、教师与家长、家长之间的对话。

主题式家长会是围绕一个主题，让家长围绕幼儿实际、家园共育等方面，采取讨论的方式，让家长各抒己见，碰撞出智慧的火花。

体验式家长会是以促进家长参与为主要目的，重视对家长的引领，采用游戏、故事等多种方式开展。

二、家长会的组织原则

（一）目的性原则

在会议开始之前，教师就应该思考会议的目的，明确召开这次家长会想要达成什么目的，然后将自己的想法罗列出来。家长会的目的是增强家长有关认识方面的知识，如如何尊重幼儿，认识游戏的价值等，也可以是情感方面的，又或者是行为方面的。教师想要解决哪方面的问题，家长会的内容和形式紧紧围绕家长会的目的来进行选择。

（二）实效性原则

家长会的形式和内容要围绕目的选择，并应采取多样的形式，让家长能够参与家长会，避免教师一言堂，才能提高家长会的实效性，让家长真正有所收获。

（三）简短性原则

家长会时间最好不要超过一个小时。在有限的时间达到会议的目的，时间过长会让家长产生懈怠，不利于调动家长参与家长会的积极性。

（四）尊重性原则

让参与家长感受到被尊重。在时间和内容的选择上能够积极征求家长的意见和建议；家长会开展时，教师要避免形成权威的氛围，用欢快的形式、家长明白的通俗易懂的语言与家长进行沟通；对待不同身份的家长，教师能够做到一视同仁；以轻松、积极和肯定的方式开始，不要将家长会开成了批评会，会议结束后对参会家长表示感谢。

【案例 2-1-1】

家长会上的批评

家长会结束前，艾老师提到了班级中频频发生的攻击性行为，她阐述了自己的观点："孩子年龄小，争抢玩具现象经常发生，也因此出现打人、抓人、咬人的现象，特别是我们的何小贝，经常抢其他小朋友的玩具，好几次都把小朋友的脸抓破了，希望何小贝的家长能够予以重视，加强对孩子这方面的教育，让何小贝形成良好的习惯。"何小贝的父母听到老师对孩子的批评，霎时显得很难为情，手足无措。何小贝妈妈起身向其他家长道歉，并表示一定会加强对孩子的教育。

【案例评析】

这个案例中的教师就不懂得如何尊重家长，在公众场合批评孩子的做法是不可取的，会影响到家长与教师的关系，导致家长对教师产生不信任感，影响家园共育的效果。针对个别孩子的问题，应采取一对一的交流，保护幼儿的隐私。

三、不同类型家长会的组织策略与案例分析

为达到较好的效果，家长会的组织形式应该多样化，接下来将围绕着主题式家长会和体验式家长会如何组织来进行相应的介绍。

（一）主题式家长会组织及案例分析

主题式家长会围绕一个主题，让家长围绕幼儿实际、家园共育等方面，采取讨论的方式，让家长各抒己见，碰撞出智慧的火花，改变了传统的"教师讲，家长听"的模式，夯实家长在幼儿教育中的主体地位。

主题式家长会是教师和家长围绕特定目标开展的、面对面的、以口头形式为主的群

体性活动，是家园共育的重要形式之一。主题式家长会围绕特定主题，通过面对面的、趣味性的、双向互动式的活动，来实现家园沟通与合作，改变传统形式的家长会，拓宽家长会的形式，让有针对性的主题家长会把幼儿的问题个别解决。

教师在实践中，可将主题式家长会分为会前准备、会中研讨、会后反思三阶段并进行组织与实施。

1. 会前准备环节的组织

第一，确定主题。主题是主题式家长会的航标和导向。教师要结合以下几点确定家长会的主题：一是教师要结合幼儿的年龄特点和发展需要确定主题。二是教师可采用向家长开展问卷调查、问题征集、家访、个别交流等多途径收集建议后，征求家长的意愿和需求。三是教师要将幼儿实际和家长意愿相结合，确定家长会的主题。

第二，确定时间、地点。家长会的人数关系到家长会的质量。因此，教师可采用问题式抛出话题，"您觉得什么时候召开家长会是合适的？"之后，教师根据多数家长的提议，确定召开时间，会议时间要尽可能选择大多数家长有空的时间，提前一周左右书面通知家长，便于家长调整好与工作、生活的冲突。再根据参与的人数及组织形式确定召开地点，选择在班级教室或是幼儿园会议室。

第三，发放邀请函。教师可以制作画面温馨、文字简短的邀请函，并说明家长会的时间、地点、主题内容以及流程等。教师也要通过 QQ 群、微信群等多种方式提前通知家长，让家长做好心理准备，并且给予充足的时间供家长构思好交流内容。

第四，准备会前所需材料。教师要提前备课，制订家长会的流程，准备幼儿精彩瞬间等相关资料，从而更好地展现幼儿一日生活的点滴。另外，教师还要注意着装，让家长感受到班级教师的精神风貌。

第五，营造温馨的会场氛围。教师要合理分工，注意细节。如准备家长签到表、迎接家长入座、PPT 播放以及茶水招待，为家长会顺利开展提供周到、热情的服务。

【案例 2-1-2】

会议通知小技巧

通　知　一

尊敬的家长：

我园定于某年某月某日晚 5:00 在教室召开家长会，请准时参加。

通　知　二

各位亲爱的家长朋友：

短暂的暑假过后，我们又共同拉起了孩子成长的小手。

新学期里，孩子们在幼儿园将要迎接哪些节日活动？参加什么项目的游戏活动？建构哪些必要的生活经验和行为习惯？活动期待您给予怎样的支持和帮助？这些话题需要家园双方共同关注。家园双方教育理念和教养策略的认同将影响着孩子的成长和发展。

请您做好相关的准备，我们相约下周五（×年×月×日）下午3:00在活动室进行班级家长会，请调整好时间，准时参会哦。

【案例评析】

通知一显得没有人情味，且家长对会议内容心中没谱，盲目地来参加，导致到会的家长没有做好准备，会议中没话可说，极大地影响了家长的参与度。通知二将家长会的内容提前告知家长，家长可以提前做相关的交流和咨询准备。

2. 会中环节的组织

第一，游戏活动，拉近感情。游戏是拉近家长情感的重要途径，家长会前，教师可以准备分组合作游戏，在游戏中不知不觉地拉近教师与家长之间的距离，消除陌生感。在场地布置上，根据不同主题布置场地，会场桌椅安排上，可以是围圈、半圆、小组；签到形式上，采用微信小程序、找朋友等方式，让家长在签到的同时，认识更多的家长朋友；会前的导入环节，可以通过一个与主题相关的故事导入，提出问题引发家长思考。游戏导入，不仅有趣，还能拉近家长之间的距离。茶话会形式导入，营造轻松愉快交谈氛围。总之，要采取不同的形式，激发家长参与的积极性。

第二，小组讨论，碰撞智慧。教师可以采取小组讨论的方式，促进家长交流。如在"亲子阅读"主题家长会中，我们将这个主题分成了几个次主题，这样小组的讨论会更加深入。

第三，经验分享，互相进步。教师可以根据某些幼儿在某些方面突出的表现，邀请家长进行经验分享，与在座家长进行交流。在交流前，教师可以提前告诉家长研讨的问题，让家长提前做好准备。

第四，研讨总结，升华情感。研讨结束后，教师对本次班会主题进行总结，也可以由家长代表对研讨做小结，教师做最后的总结。

3. 会后反思与沟通环节组织

教师在会议结束后做好内部沟通，总结经验。为了让家长会获得更好的成效，教师可以发布家长会的反馈意见表，进一步了解家长对家长会的改进意见，以便下一次更好地开展家长会。会后持续与家长沟通，拓展会议效果。

【案例 2-1-3】

新生班级家长会

【案例描述】

曾经的新生班级家长会，一般是班主任在上边讲，家长坐在下边听，更多的是用手机拍完PPT后，低头看手机，与教师几乎零交流。本次的新生家长会，为了达到"快乐沟通·和谐共育"的目的，老师做了三个细节的调整，第一，家长会不再是班主任的"个人秀"；第二，会前明确会议要求和需要配合的事项；第三，加入游戏，体验与陌生人相处的不适感。

调整一：从"一枝独秀"到"百花齐放"

家长会不再是班主任的一言堂，而是班组教师分别从不同角度介绍入园初期需要家长配合的工作要点；

具体分工：

1. 班主任：介绍自己（内容包括毕业院校、教龄、循环带班情况、教育理念等）、班级概况（幼儿人数、班级约定等）、如何缓解新生入园分离焦虑（坦诚相待、从容说"再见"、学习独立等）；家长如何帮助孩子适应新环境（心理准备、作息准备、生活技能准备、交往准备、榜样准备）。

2. 副班教师：介绍自己（内容包括教龄、循环带班情况、教育理念、突出业绩等）、幼儿一日活动安排（从幼儿入园至离园的系列活动）、幼儿入园初期可能遇到的问题（包括情绪、饮食、睡眠、行为、身体等）、接送安全注意事项。

3. 生活教师：介绍自己、开学准备注意事项（床上用品、幼儿物品、作息要求等）、日常生活家长需配合的工作（请假制度、服药说明、传染病须知等）。

总结：这样的微调既突出了班主任掌舵的大方向，也凸显了班级各个教师的分工与侧重点，特别是三位教师分别自我介绍，相比之前由主班老师作介绍，会显得更饱满、更从容、更自信，而更重要的是，这份从容与自信会传递给会场上的每一个家长，从而使家长认可我们的专业性，愿意放心地将宝贝送到我们的手上。

调整二：认真"听"比认真"拍"更重要

会前告知家长，会议内容会上传班级QQ群，家长当下的任务是认真"听"，及时将有疑问的地方记下以便会后及时沟通，而非用手机留下所谓的影像。

总结：随着现代科技的进步，手机成了人们离不了手的工具，总以为只需随手一

"拍"，什么都不会错过，再不行，打开录像功能，老师的一举一动都无从遁形。但大量的事实告诉我们，存在手机里的素材被打开的可能性很小。更为重要的是，表面上看老师是要求家长不要专注于"拍"上，而是注意认真"听"上，实际上是老师委婉地引导家长学会"倾听"，这于新入园的幼儿尤为重要，因为，从一个陌生的环境、陌生的人群、陌生的事件中回归熟悉的人、事、物的小孩，他需要一个合格的"倾听"者。

调整三：重温"时光"，寻找"共鸣"

游戏玩法：通过"找朋友"的游戏，看家长在一分钟里能认识多少位在座的家长，要记住他是谁的家长，看谁记得最多。游戏开始(背景音乐轻柔响起)，一分钟音乐结束后统计。在一分钟里记住了5名家长名字的请举手；记住8名的请举手……如此类推(可抽查核实)。

总结：这看似一个简单的"记忆力"游戏，却暗含着老师的良苦用心，从家长们的游戏表现，可以分析出家长玩游戏时的专注力、人际交往能力和性格倾向，同时亦是体验与他人初次见面的不适感，从而理解幼儿在陌生环境中的反常举动。

(广西壮族自治区文化和旅游厅幼儿园　容佳嘉)

【案例评析】

与以往班主任统一代劳"发言"的家长会不同，分侧重点由不同教师发言的家长会是新生家长会的一种改变。这样的家长会特点：一是凸显各个教师的专业性，班组教师各司其责，各有侧重点，在家长听来更有针对性、凸显每个教师的特长和专业性，从而能更全面地了解我们的教育工作，了解孩子在园的一日生活情况，为今后达成家园共育的目标做好了铺垫。二是体验式小游戏，瞬间拉近教师与家长、家长与家长之间的距离。让大家放下了陌生的包袱，迅速地融入班级的小家庭中，为今后良好的家园沟通扫清障碍。

视频资源1：新小班家长如何缓解入园焦虑(案例来源：广西实验幼儿园　黄清雪)

(二)体验式家长会组织及案例分析

传统家长会存在内容"一刀切"的无奈、主题"一锅粥"的杂乱、教师"一言堂"的尴尬、受众"一边倒"的缺失等现象，使得家长无法在会上获取有价值的教育信息，也没能达到"以会促成长"，达到更新家庭教育观念、统一教育行为的作用。为了更好地发挥家长会的家庭教育指导、家园互动沟通作用，幼儿园开始采用体验式家长会这一新模式。体验式家长会是以促进家长参与为主要目的，重视对家长的引领，采用游戏、故事等多种方式开展。体验式家长会赋予家长主体地位，让家长主动参与，在体验中理解教师所传递的正确的教育理念，与教师携手做好对幼儿的教育。

体验式家长会的优势主要体现在：首先，体验式家长会具有情境性。体验式家长会采用视频、故事形式作为开场导入，使家长深入情境。以体验式家长会"陪伴是最温暖的爱"为例，教师一开始就让家长欣赏故事《我们能拥有孩子多少年》，让家长体验到随着孩子年龄越长越大，父母与孩子待在一起的时间也越来越短。这一故事使不少家长湿润了眼眶，真正意识到陪伴孩子的时间并不像想象中那么多，应该在他年龄尚小时尽可能地多陪伴。① 体验式家长会这样的主题式情境创设，自然而然吸引了家长的目光，同时也激发了家长聆听家长会的内在动机。其次，体验式家长会能够推动家长、教师共同参与。家长亲身体验家长会能够较好地与教师达成教育主题上的共鸣。以体验式家长会"用智慧的爱陪伴孩子成长"为例，教师让家长扮演幼儿，另外若干教师扮演幼儿的爸爸、妈妈、爷爷等角色，当幼儿无聊想请家人陪他做游戏时，爸爸说："我还要上班，你去找妈妈吧。"妈妈说："我要做饭，你去找奶奶吧。"奶奶说："我要出门跳舞，你找爷爷吧。"游戏结束后，教师问扮演幼儿的家长："你有什么感受呢?"家长说："我感到很孤独，没有人愿意陪我玩，没有人爱我。"通过角色扮演，家长直观而深切地体会到自己的选择带给孩子的伤害，从而明白陪伴的重要性与教师达成教育共识。最后，体验式家长会由集中变为分组。体验式家长会通过分组讨论的形式，促进家长之间的交流，形成一定的意见与教师进行沟通，能实现双主体之间的平等对话。教师在游戏之后，抛出话题引起讨论：你认为如何做才能更好地陪伴孩子？组内每位家长都可以从自己的实际出发，反思自身做得不好的地方，讨论分享如何做出改变。家长之间通过思想的碰撞，总结归纳出解决问题的策略，以达到共同促进幼儿成长的教育目的。

体验式家长会的组织策略：

1. 针对不同家长群体确定会议形式与内容。

体验式家长会组织前，需要教师针对不同家长群体类别确定会议主题。对于以祖辈家长为主的家长会，应更具耐心，更注重体现对他们在态度上的尊重。要理解他们焦虑的心态，用直观事例、生动的故事引发其共鸣，以共有的困惑制造话题，肯定祖辈的付出，为他们支招，帮助祖辈家长学会轻松育儿。对于以年轻父母为主的家长会，应利用关键事件和案例引导他们学会主动反思教育中的误区。教育案例的准备，可以以视频或图片故事导入，也可以用调查表统计的数据作为话题引发。如：调查中发现父亲陪伴缺失的现状，幼儿园设计实施了一次以爸爸为主的体验式家长会"我的爸爸是超人"。爸爸们通过分享陪伴经验，认同亲子陪伴的重要。教师通过现场分组讨论及一物多玩的游

---

① 周霞，周梦杰. 例谈幼儿园体验式家长会的组织与实施[J]. 东方娃娃·保育与教育，2021（11）：57-58.

戏体验，引导爸爸们掌握随手可得的亲子伴玩方法；通过视频分享，引导在场爸爸们重新思考父亲陪伴在孩子成长过程中的重要性。

2. 针对不同阶段幼儿家长的需求确定会议内容。

对于不同年龄段、不同班级的幼儿，家长的关注点、家园共育的疑难点等各不相同。幼儿园需要通过分析和研究，明确每个年龄阶段家长会的会议重点，如：小班阶段要增进了解，达成共识，帮助适应；中班阶段要防范意外伤害，促进交往，培养习惯；大班阶段要关注学习品质，帮助幼儿做好小学入学准备。

家长教育短板和育儿困惑是家长会需要探讨的永恒论题，需要调查、了解、倾听家长的需求，通过运用调查法，如问卷、访谈等多种方式了解家长最关注的困惑、想法和需要，将家长重点关注的话题作为体验式家长会的内容在会上进行讨论与分享。如大班的家长会，家长们最关心的就是幼儿园如何实施幼小衔接。以此为主题，在对小学一年级教师和大班幼儿家长进行访谈调研后，综合幼儿园、家长的建议，学期初召开的家长会便围绕三个问题开展了讨论：问题1：孩子的依赖性较强是什么原因引起的？该怎么办？问题2：孩子的心理承受能力差怎么办？问题3：怎么培养孩子独立处理问题的能力？

3. 熟悉会议流程，灵活调整。

常规体验式家长会流程为：幼儿采帧集分享、新成员介绍、体验游戏、幼儿发展现状分析、讨论话题、分享教育感悟视频。可根据会议重点，思考各个板块之间的衔接与联系，对会议流程进行科学合理的安排，通过调整板块、优化流程，使各环节之间相互衔接，层层递进。

召开体验式班级家长会时，教师要注意活动主线的连贯性和递进性。其一，新班级可以先进行热身游戏，消除家长与老师、家长与家长之间的陌生感，拉近彼此距离。其二，可由幼儿采帧集引出幼儿现阶段成长情况与突出问题，抛出会议话题，组织讨论，再通过体验游戏提升对教育理念的理解与运用。其三，感悟视频的分享可以前置，作为本期会议主题的导入环节，也可以放在会议结束前，引发家长思考与共鸣。其四，可根据会议具体情况对流程进行删减，比如增加沙龙环节，邀请往届家长或有经验的家长现身说法，分享育儿经验或感悟等。

4. 紧扣会议主题，搭配适宜游戏。

召开体验式家长会，可根据群体不同、需求不同、困境不同梳理出会议话题内容，并匹配相互呼应的游戏，以起到画龙点睛、引发话题的作用，并且体验游戏的选择比较关键，如：为了在家长会强调衔接工作与家园配合度的相互关系，班级教师选择了"接龙珠"游戏。这个游戏巧妙解释了幼儿成长过程中家庭教育的重要性，即"只有双方合力，小球才能顺利到达终点；缺失任何一个环节，小球都不能顺利到达"。它告诉家长，孩子的成长如同小球，不能急于求成，要学会跟随，帮助孩子平稳前进：球快了，要端平让它缓下来；球慢了，就要稍稍助力倾斜一下，让它跑起来。它也向家长强调，幼儿园中班是幼儿学前教育三年中承上启下的重要阶段，也是幼儿身心发展的重要时期。这样的游戏将抽象的理念具体化、形象化，帮助家长直观理解了家园共育关系。

【案例2-1-4】

正面管教家长体验活动

【案例背景】

进入中班后，多数家长向老师们反映孩子变得越发调皮、不听话，大人们怎么说孩子都不听。老师针对班级孩子的情况，特别策划了本次主题+体验式家长会，围绕着"家长如何说、如何做孩子才会听"的主题进行正面管教的体验活动，通过话题讨论、参与游戏、交流感受等，使家长真正了解正面管教的意义，感受正面管教工具的实用性，逐渐改变传统教育方式，从而促进家园共育。

1. 头脑风暴

你希望自己的孩子将来具有哪些品质？怎样才能培养出这些品质呢？

玩法：可以将全部家长分成几个小组，请每个小组把所思所想写在大白纸上，时间是3分钟，在黑板上进行展示，可请几名家长代表表述自己的想法。

目的：知道惩罚、骄纵、说教对孩子的影响，了解阿德勒的正面管教基本观念。

2. 体验游戏：我是一棵大树

玩法：两两相互体验做一棵大树，脚(根)不动，上身(树枝)可以摇摆。

目的：明白正面管教的核心理念——和善与坚定并行。

3. 体验正面管教工具的实用性

(1)体验活动：拥抱。

玩法：两两合作，一人扮演小孩，一人扮演父母，"孩子"在特定的情境中表演：遇到伤心事、挫折，父母分别表现出指责或者理解、拥抱。请家长说说自己的感受。

目的：相互感受拥抱的力量，传递爱的信息，从而能先从心底承认和接受孩子的感受。

(2)体验活动：命令和提问。

玩法：两两合作，一人扮演小孩，一人扮演父母，"父母"模仿不同的语气说话：

天气冷，必须穿上外套！——想想看穿什么衣服出门不会感到冷？

快点把玩具收起来，不然我就把它们都扔了——想想怎么收拾玩完的玩具？

抓紧时间，快点，要迟到了。——你看有什么办法能按时到学校呢？

……请家长说说自己的感受。

目的：尊重孩子，注重孩子的自我思考能力。

（3）体验活动：鼓励和表扬。

玩法：两两合作，一人扮演小孩，一人扮演父母，"父母"模仿不同的语气说话：

我喜欢你的做法。（表扬）——我感谢你的合作。（鼓励）

你真是好孩子。——谢谢你的帮助。

我为你跳绳比赛得第一而感到骄傲。——这个第一是你刻苦努力的结果，了不起！

……请家长说说自己的感受。

目的：鼓励，能使孩子体验自我价值感。

（4）了解正面管教其他工具：特殊时光、惯例表、家庭会议等。

玩法：家长分组头脑风暴，讨论开展这些活动有哪些内容呢？需要注意什么？分别请家长说说自己的观点。

目的：高质量的陪伴、赋予孩子权力，能使孩子有归属感和价值感。

4. 教师总结提升

正面管教的核心理念是和善与坚定并行、尊重鼓励、感觉好才能做得好、教导的长期有效、使孩子获得价值感和归属感。家长们必须先聆听、理解、接受孩子，与孩子连接、共情，再纠正，最后鼓励孩子与家长一起合作，共同解决问题。家长们要针对孩子的年龄特点，转变传统的教育观念和教育方式方法，亲身去试一试正面管教工具。

（广西实验幼儿园 黄珊）

【案例评析】

与传统"老师讲，家长听"的家长会不同，主题+体验式家长会是家长会的一种创新形式。这样的家长会特点：一是有主题，二是气氛活跃。教师根据家长会的主题，设计一两个游戏推动会议的开展。家长在参与游戏的过程中或分组讨论，或团结合作，或亲身感受，不再单纯用耳听、用手记，在活跃的气氛中自然地接受科学的育儿理念和方法，会场充满欢声笑语。三是体验认同。传统家长会中的各位成员互不认识，表现拘谨，思维及行为受限，而这样的家长会中的游戏让家长们相互熟悉、放下矜持，像孩子一样参与游戏，体会游戏背后的深层含义，并主动大胆地分享交流游戏体验，在体会、感悟中反思自己的教育行为，从而更加认同幼儿园、教师传递的教育理念，进而与幼儿园形成合力共同促进幼儿身心和谐发展。

另外，主题+体验式家长会对老师和家长都能起到促进和提升作用。一是对老师的专业能力、现场组织能力、应变能力要求高，促进老师不断学习，不断提升。老师只有不断夯实专业、提升水平，才能更好地发挥引领水平，提高家园合作的教育质量。二是家长既有参与、互动、思考、收获，也能结合自己的言行来反思平时的教育行为。在这样主动参与的过程中，家长们自然地接受了科学的教育理念，同时与其他家长、教师有了更为直接的交流，形成了强有力的纽带，这样的合力也为家长们在之后对幼儿园教养目标的理解、与教师的配合、与其他家长的合作打下坚实的基础。

幼儿园家长会是幼儿教师和家长相互交流的平台，也是幼儿园家园合作的一种有效方式。召开家长会是幼儿园的一项重要工作，幼儿园要不断创新家长会的组织形式，避免家长会流于形式，我们需要了解家长需求，激发家长参与的主动性，让家长在轻松、愉悦的气氛中了解孩子的发展特点，掌握先进的教育理念和科学的教育方法，充分发挥家长会的独特作用。

【学以致用】

在农村幼儿园召开家长会往往比较困难，不仅存在着家长不愿意参加或者家长没时间参加等问题。同时，也存在着幼儿园通知不到位、家长会形式与内容枯燥乏味等问题，家长参与度非常低。请你思考一下，针对上述问题提出提高农村幼儿园家长会有效性的对策。

第二课

家长开放日

【学习目标】

（1）了解幼儿园家长开放日活动的类型。
（2）掌握不同类型家长开放日的组织策略。

【学习领航】

家长开放日是家园联系的重要形式之一，它使家长能够直接了解幼儿在园的学习和生活，又可以现场观察教师如何对孩子实施教育。教师要明确家长开放日的意义和价值，同时，要精心设计与组织家长开放日，引导家长参与进来，并在具体情境下对家长进行指导，提高家长的育儿水平。

【学习支持】

幼儿园家长开放日活动指的是幼儿园在特定的时间里向家长开放园内的各种教育教学活动。幼儿园家长开放日活动区别于幼儿园的亲子活动，家长开放日活动以教师和幼儿参与为主，家长仅是观摩者；而亲子活动中教师是引导者，家长与幼儿共同参与活动。

一、家长开放日的类型

家长开放日活动是家园配合、家园共育的有效途径之一，对幼儿教育有着积极的助推作用，能够有效地丰富家长的家庭教育方法。家长开放日主要活动有：观摩活动、展示活动、亲子活动、节日活动。

1. 观摩活动

参观观摩活动主要是邀请家长到幼儿园观摩幼儿园开展的各项活动，幼儿园对家长进行专业性的讲解，使其了解幼儿教育理念、增强家庭教育的意识。观摩活动是家长开放日必须开展的内容。活动当天，幼儿园可以给家长发放幼儿身心发展相关的材料，对幼儿心理进行分析以及家庭教育的现场模拟，为家庭育儿答疑解惑，一对一交流。

【案例 2-2-1】

主题家长开放日

【案例描述】

　　以"沟通"为主题的家长开放日，我们邀请到了中二班的幼儿家长，精心设计了观摩活动。活动分为三个部分：第一部分是家长集体观看"亲子沟通讲座"网络视频，教师提供了北京师范大学知名教授讲解这方面内容的一段视频，家长先对"亲子沟通"进行初步的了解；第二部分是一节公开活动，选取了区域活动中的"积木搭建"活动，家长观看孩子们的表现，从客观角度让家长了解孩子的活动情况；第三部分是家长对幼儿"一日活动"中睡前活动的了解，孩子们的不同表现，让家长看到自己孩子与其他孩子的不同。最后我们给每个家长发放了《致家长的一封信》，通过这样一个系列的观摩活动，给予家长更多的教育启示。①

2. 展示活动

　　展示活动主要是指幼儿园在家长活动日当天，向家长展示幼儿园的教育理念、教育经验、取得的成果、当前的科研团队、师资队伍、幼儿园特色等，增进家长对幼儿园的了解。活动日前，教师与一些家长沟通，在活动日当天，向其他的家长介绍自己的育儿经验、亲子沟通经验，增进家园、家长与家长之间的了解。

　　展示活动也是另外一种交流活动，是家长与幼儿园、家长与家长之间的积极沟通，能够增进相互间的了解，传递育儿的成功经验，交换育儿信心，拉近家园、家长与家长之间的距离，从而让家长开放日更有意义，更好地形成合力。

3. 亲子活动

　　家长开放日的亲子活动是幼儿与家长一同参与的，其目的在于增强幼儿与家长之间的互动，促进幼儿与家长之间的沟通和交流，促进幼儿身心健康发展。第一，亲子活动有利于促进幼儿身心健康发展。第二，亲子活动有利于激发幼儿的内在潜能。第三，亲子活动有利于促进亲子关系的健康发展。

---

①　徐秀梅. 拓展开放日活动形式，强化家园共育[J]. 启迪与智慧(下)，2020(7)：128.

4. 节日活动

家长开放日的节庆活动，可以通过家长和教师的共同策划，加深幼儿对节日的认识与了解，丰富幼儿的生活经验与知识储备，让幼儿对民俗文化有初步的认识，激发幼儿不同程度的想象力，同时增强幼儿的民族自尊心和自豪感。

二、家长开放日的组织策略

（一）明确活动开展的目的

幼儿园家长开放日是家园联系的重要形式之一，教师要明确家长开放日的目的。首先，幼儿园组织举办家长开放日，为幼儿家长提供了一个深入幼儿园、参与幼儿教育的机会，幼儿家长可以全面了解幼儿在园的日常生活与表现，对幼儿园教育理念及采用的教育方式有一定认识，与教师做有关育儿方面的研讨交流，从而提升自身的教育能力。其次，幼儿园家长开放日的组织举办是为了更好地促进幼儿的发展，家长开放日的活动丰富多样，幼儿在参与各项活动的过程中，自身能力得到了提升。再次，家长开放日能让幼儿深深地感受到亲人对自己的爱与关注，且能够有机会向亲人展示自己在园学习的本领，这对于增强幼儿的自信心、促进亲子关系的发展具有重要作用。最后，组织举办家长开放日可以让家长看到教师极具专业性的一面，以增进家长对于教师工作的理解与信任，更愿意与教师交流育儿经验，听取教师给予的科学指导。且这对于推动教师的专业成长也有一定作用，为开展好家长开放日活动，教师需要认真钻研、精心设计，做好充足的准备工作，活动的组织也非常考验教师的能力，许多教师在这一过程中都收获了经验、锻炼了胆量、掌握了与幼儿家长沟通的技巧。

（二）精心设计组织活动的内容

要想举办好幼儿园家长开放日活动，提升家园共育的实效，就必须精心设计组织活动的内容。一是幼儿园家长开放日活动的设计要具有多样性，既要有帮助幼儿家长增长教育知识的观摩活动，也要有让家长了解幼儿园教育理念、幼儿园特色的展示活动，还要有幼儿家长能够参与互动的亲子活动。二是各年龄班活动开展的侧重点应有所不同，要根据幼儿的身心发展情况，以及家长当前较为关注的问题进行设计，例如针对新入园幼儿的家长开放日活动，应着重让家长了解幼儿在园的一日生活情况。三是开放日的活动内容设计应征集幼儿家长的意见，看看幼儿家长最想了解幼儿在园的哪些情况，以做适当安排。四是要注意统筹好活动开展的时间顺序，切不可耽误了幼儿正常的进餐、午休时间，也要安排适当的休息时间，注意活动的动静交替。

（三）注重活动中家长参与互动

幼儿家长是家园共育中的重要主体，教师要把握家长来园参加开放日活动的时机，为家长创设互动的平台，鼓励家长积极参与其中，全身心投入开放日各项活动。例如可以在展示集体教学活动时，多增设一个互动环节，让幼儿家长也参与活动，而不仅仅是坐在一旁观看。又如，可以在开放日这一天，筹备一个让家长与幼儿一起设计制作手工玩具的亲子活动，为家长增添更多的体验感。另外，教师要注意预留一个与幼儿家长沟通交流的环节，向家长说明幼儿的在园情况，或是解答家长心中的一些疑惑与不解，让家长感受到来园参加活动是一件既有趣又能收获知识的事情，更好地调动家长的积极性，对幼儿园举办的活动充满期待。

（四）做好活动的总结评价工作

做好幼儿园家长开放日活动总结评价工作的目的是不断改进与完善，提升活动的开展质量，在进行总结评价工作时，要注意以下几点。一是从不同层面开展总结评价工作，包括幼儿园层面、年级组层面、教师层面、幼儿家长层面，以对活动开展的情况有较为全面的认识。二是对幼儿园家长开放日活动中出现的重点问题进行总结评价，分析问题出现的原因、提出相应的改进策略，为避免在之后的活动中出现类似问题做好准备，不断增强活动的开展效果。三是关注总结评价工作的及时性，在家长开放日活动结束后，可以在活动结束后预留时间开展总结评价，也可以在后续的时间里专门组织开展总结评价，但应尽可能在活动结束后一周内的时间里完成，以便回顾活动的开展细节，及时进行相应的反馈，保障总结评价工作的有效性。

三、家长开放日的案例分析

【案例 2-2-2】

奔跑吧，爸爸！

【案例描述】

每年 6 月份的第三个星期天是"父亲节"。以往，我们总是过三八妇女节、母亲节，唱的歌也总是"世上只有妈妈好！"父亲——被我们遗忘了吗？其实，父亲也有其温柔的一面，父亲也有着与子女嬉戏的渴望。针对这种情况，我们在父亲节到来之际邀请爸爸们来参加"奔跑吧，爸爸!"亲子趣味运动会。

现在接送孩子和参与孩子活动大多是以妈妈为主，爸爸更多的时间是在忙工作。所以我们希望以节日为契机，让孩子用自己力所能及的方式来为爸爸庆祝节日，理解爸爸的工作辛苦。同时也希望通过亲子活动增进父子、父女间的感情，让爸爸明白自己在孩子心目中的位置，在繁忙的工作之余多留点时间陪孩子，多加入孩子的活动，体验参与、增进情感。

行动一：家园合作，集思广益

与家委共同商讨活动的时间、地点、形式，共同制定活动的方案。与家长分工合作，做好活动前期物质、设备准备。

小结：该环节有利于收集家长对本次活动的看法和意见，让家长也成为班级活动的主人，能做到较好的家园沟通与合作，促使家长和老师齐心协力把活动做好。

行动二：师幼合作，制造惊喜

老师和孩子们一起讨论了关于"父亲节"的话题，"爸爸是做什么工作的?""爸爸平时和你一起玩什么游戏?"虽然孩子们的表达有限，但是说到自己的爸爸，却总是滔滔不绝。在热烈的氛围中顺势与孩子讨论和制定游戏规则，一起准备送给爸爸的节日惊喜和礼物，歌曲《我有一个好爸爸》和最棒爸爸奖牌。

小结：该环节让孩子亲身参与活动的前期准备，是一次很好的感恩教育，让孩子对活动有期待，在制造惊喜的过程中加深对父亲的喜爱。

行动三：开启活动，感受甜蜜

活动当天，教师组织游戏，促进孩子与爸爸的交流。游戏项目分为亲子项目和爸爸项目。让孩子与爸爸开心互动的同时，感受到爸爸在运动场上的强大力量。

以40人为例，游戏分为男孩组(20人)和女孩组(20人)，男孩组：10人组成红队，另10人组成蓝队，女孩组：10人组成黄队，另10人组成绿队。所有的游戏采取积分制，小组每赢得一次游戏获得一分。

项目一：接力抱抱(亲子项目)

游戏规则：

男孩、女孩组各分成2队，每队10个家长，10个幼儿，家长站立成一排。从第一个家长抱着幼儿依次传递至最后一个家长，直到传递完最后一个幼儿。用时最短的队获胜，赢得一分。

小结：该项目锻炼了家长与孩子团体合作的能力，也起到了热身游戏的作用，让大家在开心愉快的氛围中进入当日的活动。

项目二：钻山洞(亲子项目)

游戏规则：

男孩、女孩组各分成 2 队，每队 10 个家长，10 个幼儿，家长弯腰排排站，做成山洞的样子，然后幼儿开心地爬过山洞，直到最后一个幼儿爬过山洞。用时最短的队获胜，赢得一分。

小结：人们常说父爱如山，活动中爸爸扮演着大山的角色，保护孩子们一次次穿过山洞，同时也很好地锻炼了孩子们的钻爬能力。

项目三：爸爸向前冲（爸爸项目）

四组爸爸分别组队，每队队员同时手握同一根竹竿，从起点出发，成功绕过障碍物回到终点。用时最短的队获胜，赢得一分。

小结：孩子们在一旁为爸爸们加油，气氛十分热烈。该项目很好地展示了爸爸们飞一般的跑步速度，以及齐心协力完成比赛的精彩瞬间。

项目四：我的爸爸力量大（爸爸项目）

游戏规则：两组间比赛，爸爸们两两相对坐于桌子旁边，将右手或左手放于桌上相握，听到裁判的哨声即用力扳倒对方，以先将对方的手臂扳倒在桌面为胜，获胜人数多的小组赢得一分。

小结：该项目让孩子们充分感受到了爸爸强大的力量，孩子们也纷纷开始比划起来。

幼儿表演：送给爸爸的歌

小结：孩子们用一首简单的歌曲，表达了对爸爸最真诚的爱和节日的祝福，在孩子们表演的过程中，爸爸们满足而快乐的表情足以证明他们感受到了孩子传递的爱。

颁奖仪式：颁发最棒爸爸奖牌

（广西实验幼儿园 阳乾宇）

【案例评析】

案例通过整合节日活动和亲子活动，很好地整合成为家长开放日的活动，愉快的亲子时光让孩子体验到了浓浓的父爱，孩子们用自己的方式表达了对爸爸的爱，起到了爱心感恩教育的显著效果。活动也能很好地向家长展示教师的专业性与综合性，让家长更进一步了解幼儿园教育，更进一步向家长传递幼儿园的教育理念，赢得家长对幼儿园教育教学的理解与配合。

面向家长的开放日活动是家园联系的重要形式之一，它使家长可以直接了解幼儿在园的生活和学习，又可以现场观察教师如何对幼儿实施教育。为了提高家长开放日的价值，教师要掌握科学指导家长参加家长开放日活动的方法，完善家长对家长开放日的认识，创新活动形式与方法，力图与家长在教育理念和策略上达成教育共识。

【学以致用】

　　在家长开放日活动中，家长们大多在一旁"看热闹"，观看幼儿的活动并不断拍照留影；有的家长则生怕自己的孩子表现不如其他幼儿，在一旁不断提醒自己的孩子，或时常对孩子的言行进行评价或命令；有的家长直接上手包办替代。请你说一说，教师应该如何组织半日开放活动？应该如何引导家长进行参与？

第三课

亲 子 活 动

🎓【学习目标】

(1)理解亲子活动的意义及类型。

(2)掌握组织开展亲子活动的方法。

🎖️【学习领航】

幼儿园亲子活动是实现家园共育的主要形式之一。幼儿园亲子活动的开展形式较为多样，且内容丰富，易于不断探索创新，受到教师、幼儿及家长的喜爱。为教师、幼儿及家长三方的沟通交流搭建桥梁，让家长理解幼儿园的教育理念，形成教育一致性，更深入地了解幼儿的内心世界，掌握与幼儿互动的方法，不断提升育儿能力；让教师有机会向家长展示幼儿园的日常工作，取得家长的支持和认可，与家长建立起良好的互信关系，提升家园共育工作质量；也让幼儿在多方教育合力之下，促进自身全面发展。

🖥️【学习支持】

幼儿园亲子活动是指以亲子关系为基础，由幼儿园负责筹备，提供相应的场地、材料，在教师的组织和指导下，家长与幼儿共同参与，是实现家园共育的主要形式之一。幼儿园开展亲子活动具有独特的价值。

首先，亲子活动对促进幼儿的成长与发展具有重要价值。幼儿园亲子活动对于促进幼儿的成长与发展具有重要价值。一方面，亲子活动是幼儿和家长共同参与的活动，活动中有了家长的引导与支持，给予了幼儿一定安全感，幼儿在活动中会更大胆地表现自己，更敢于与他人进行互动，能够有效促进幼儿在认知、情感、社会性等方面的发展，也能够增强幼儿的自信心和成就感，有助于良好亲子依恋关系的形成；另一方面，幼儿园亲子活动的开展有助于幼儿园与家庭之间教育一致性的形成，让幼儿在园养成的良好行为习惯可以在家庭中得以巩固，在日常生活中积累的经验能够在幼儿园里得以应用，以避免不良习惯反复出现、脱离生活经验的情况发生。

其次，亲子活动对于教师推进家园共育工作具有重要价值。组织开展好亲子活动有助于教师推进家园共育工作。一是邀请幼儿家长来园参加亲子活动，可以让幼儿家长深入了解教师的日常工作，看到教师对待幼儿的细心、耐心与爱心，增进与幼儿家长的互信关系。二是幼儿教师可以通过开展亲子活动的机会，收集家长对于幼儿教育工作的需求和意见，有针对性地提供科学的育儿指导，满足不同家长的需求，真正帮助到每一位家长，从而取得家长的支持与认可，推动家园共育工作的进一步发展。三是幼儿园亲子活动的顺利开展离不开教师的精心组织筹备，教师在这一过程中自身专业能力、沟通交流能力、组织指导能力都会得到进一步的提升，也会不断思考幼儿园亲子活动的创新形式，从而推动园所特色亲子活动的发展。

最后，亲子活动对于提升家长育儿能力、促进亲子关系具有重要价值。幼儿家长积极参与幼儿园组织的亲子活动具有重要价值。一是有效提升家长科学育儿的能力，在幼儿园亲子活动中，幼儿家长能够得到教师较有针对性的指导，拥有一个与其他幼儿家长交流育儿理念的平台，自身教育理念得以更新，并将其延续到家庭教育中，不断提升育儿水平。二是有助于增进与幼儿之间的情感关系，幼儿园亲子活动为家长与幼儿提供了一个深度互动的机会，家长陪伴幼儿一同参与活动，在活动中与幼儿相互鼓励、支持，了解到幼儿在园的真实表现，看到幼儿与在家中不同的一面，在全面认识幼儿的基础上真正理解幼儿的想法。三是能够充分发挥幼儿家长在家园共育中的主体地位与作用，幼儿园亲子活动多是由教师、幼儿家长共同组织筹备，幼儿家长可以发挥自身优势与特长为幼儿园亲子活动的顺利开展提供支持，也可以将自身的教育需求与教师进行沟通。

一、亲子活动的类型

家园共育日益受到人们的关注，幼儿园亲子活动是实现家园共育的主要途径之一。当前幼儿园亲子活动形式多样、内容丰富，主要分为两个大类：一类是作为幼儿园课程延伸的亲子课堂；一类是主题式的幼儿园亲子活动。

(一)亲子课堂

幼儿园亲子课堂是幼儿园课程的延伸，亲子课堂有明确的教育目标和课程内容，幼儿家长、幼儿在教师的组织和指导下共同参与。幼儿家长在亲子课堂中能够学习到较为专业的育儿知识，并尝试着指导幼儿开展各项活动，掌握与幼儿互动的科学方法，不断提升自身教育能力。

视频资源2：家园携手，好习惯养成(案例来源：广西实验幼儿园 阳乾宇、陈钰琴)

视频资源3：争当"小科迷"亲子活动(案例来源：广西实验幼儿园　阳乾宇、李欢欣)

(二)主题式亲子活动

1. 亲子运动会

幼儿园亲子运动会是由幼儿园负责组织举办，邀请家长与幼儿组队参与各类体育竞技项目的一种亲子活动形式，需要家长与孩子之间具有一定的默契度，相互配合完成体育比赛项目。在亲子运动会中，幼儿在家长的引导和帮助下，会更敢于尝试一些新的挑战，对自己的能力有新的认识，感受到亲子体育运动带来的快乐，也有利于培养幼儿合作意识，促进各项能力发展，拉近亲子之间的情感关系。

【案例 2-3-1】

"畅享东盟、快乐出发"户外混龄亲子运动会

【案例描述】

为提升幼儿身体素质，促进幼儿与家长之间的亲子关系，幼儿园因地制宜，开展户外混龄亲子运动会。此次亲子运动会把亲子徒步、熟悉广西十二个世居民族和东盟主题融入一起，在各点准备广西十二个世居民族的贴纸若干、徒步地图、挑战卡，在公园沿途设置：中国—南宁会展中心、泰国—曼谷泰国大王宫、马来西亚—吉隆坡双子塔、菲律宾—圣奥古斯丁教堂、印度尼西亚—婆罗浮屠、文莱—奥玛阿里清真寺、新加坡—鱼尾狮像、柬埔寨—吴哥窟、越南—圣母大教堂、缅甸—仰光、老挝—塔銮寺十一个东盟小景的签到点，鼓励幼儿完成每一个小景的签到挑战。活动开始前，教师与幼儿家长明确了活动任务，并请家长引导孩子准备活动需要的相应物资。随着音乐响起，幼儿兴奋地出发了。幼儿与家长看地图讨论徒步路线，每完成一个点的挑战都主动给爸爸妈妈讲解关于广西十二个世居民族和东盟小景的知识。在活动中，可以看到3岁多的小班幼儿一直走在队伍的最前面，没有一个闹情绪；中班的幼儿膝盖擦伤了，贴上同行同伴递过来的创可贴，继续往前走。当有幼儿在中途想要放弃而哭鼻子，小伙伴的一句"男孩子不能哭，要勇敢地完成自己的任务"，他立马擦干眼泪，快步向前走；当有的爷爷奶奶因为累而掉队，幼儿的一句"爷爷奶奶你们慢点走，我们休息一会儿再走吧"，温暖人心。整个活动，孩子们自己步行、自己背包，绕着石门森林公园走了整整一圈，坚持到达终点。手里拿着奖牌，幼儿都笑开了花。

(广西壮族自治区文化和旅游厅幼儿园　唐彩云)

【案例评析】

　　幼儿园因地制宜组织开展主题特色鲜明的户外混龄亲子运动会，活动形式新颖独特，内容丰富，极大地激发了幼儿与家长的参与兴趣。活动筹备阶段，积极寻求家长的支持与配合，充分发挥幼儿家长的主体作用，家长从旁观者变身为幼儿学习活动的支持者、合作者、引导者，对家园共育工作具有促进作用。幼儿自身运动能力、表达能力、交往能力、观察能力在活动中得到了发展，体会到了竞争的意义，学会坚持，学会合作。幼儿家长在参与的过程中体会到了亲子运动的快乐，对幼儿活动中的能力表现、幼儿园教育理念也有了进一步的认识。

2. 亲子郊游活动

　　幼儿园每学年都会组织一至两次亲子郊游活动，地点多选择在幼儿园所在市区内的公园里，时间一般在春季时期或秋季时期。在开展亲子郊游活动的这一天，大家都会带上自家亲制的食物和零食，与其他人一起分享，还会在教师的组织下开展一些有趣的小游戏。亲子郊游活动能有效促进幼儿、家长、教师三方之间的交流，幼儿也有了亲近自然、欣赏美景的机会，而且能够感受到相互分享的喜悦。

　　视频资源4：那考河海绵城市亲子研学活动（案例来源：广西实验幼儿园　李欢欣、罗远宁）

3. 亲子节日活动

　　每当国家法定节假日、传统节日即将到来时，幼儿园会根据节日主题组织开展一些亲子活动，例如广西壮族"三月三"时，会组织家长与幼儿一起穿壮族服饰对山歌、制作广西传统美食五色糯米饭。组织开展亲子节日活动，让幼儿了解节日的由来、风俗习惯等，增强民族自信与自豪感。

【案例2-3-2】

快乐亲子游，奔跑在民博

【案例描述】

片段一：亲子热身游戏《蚂拐舞》

　　幼儿通过倾听具有壮族三月三节日特色的《蚂拐舞》音乐，按节奏舞蹈，模仿青蛙在五谷丰登时节鸣叫欢跳的声音和动作，担任父母的小老师，进行面对面教学，以此开展活动的热身环节。

片段二：参观民族村，分小组合作完成任务

图 2-3-1　亲子活动任务卡

以家庭为单位，自由分组，开展竞赛游戏。各队伍选出队长后领取名牌贴（家长装备）与任务卡，按任务卡要求至广西民族村中参观、了解各民族建筑物，并合作完成以下游戏任务（任务不分先后，学习合理规划路线）：

①撕名牌

保护队员名牌，抓住机会撕下对手名牌。安全第一，友谊第二，成绩第三，幼儿在遇到强敌时积极思考"对战"办法，可以通过公平竞技、团队协作、两队协商、石头剪子布等各种方法完成任务。

②集拼图

幼儿在家长的引导下学习使用地图，团队奔跑于各民族建筑物中，设法集齐散落在不同民族建筑物中的"壮族风雨桥"拼图，通过观察与对比各民族建筑的特点，找到拼图所示的地点合影，并将照片发至班级微信群分享。

③模仿花山小人的动作

抵达黑衣壮民居，借助自身或周边的道具，所有队员模仿或改编广西花山岩画中的"花山小人"的不同造型，合影后发至班级微信群分享。

④对唱山歌

抵达铜鼓戏台，每队派出至少两名刘三姐与两名阿牛哥，进行山歌对唱，录制视频发至班级微信群分享。

片段三：参观广西民族博物馆，完成自主学习卡

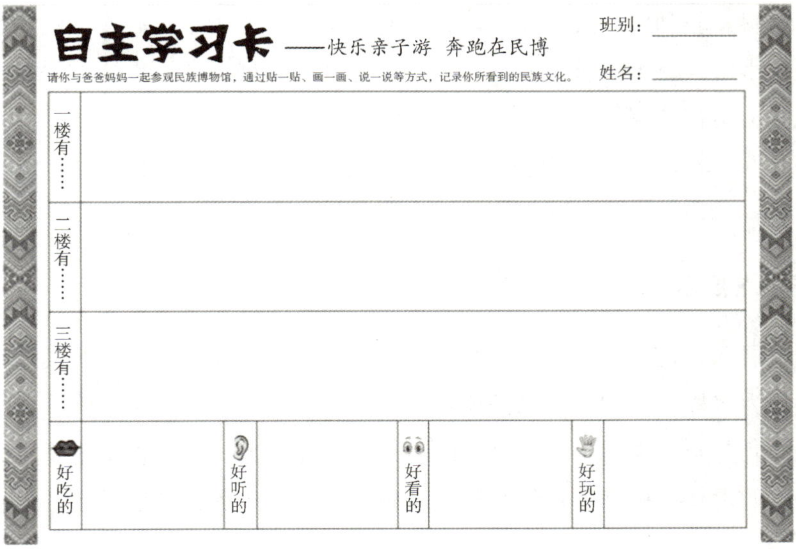

图 2-3-2　自主学习卡

参观民族博物馆，共同了解民俗故事、方言戏曲、壮锦织布、铜鼓文化、民族服饰、壮族农耕史、壮族物件、壮族建筑等壮族文化，幼儿通过贴、画、说等多种记录方式进行自主学习。

（广西壮族自治区文化和旅游厅幼儿园　莫菲）

【案例评析】

幼儿园围绕"三月三"节日主题，充分利用广西民族博物馆这一本土资源开展了一次极具意义的亲子活动。活动结合幼儿年龄特点，将壮族文化融入其中，使教师、家长在"玩中教"，幼儿在"玩中学"。幼儿在活动中融入壮民角色，关注乡土生活，热爱民族文化，提升民族认同感。活动中鼓励家长"放手"，由幼儿自主决定、协商，家长发挥鼓励、引导、配合的作用。教师也能观察到不同家庭的教育方法，针对个别需要的家庭及时给予科学指导，帮助家长提升育儿能力，促进家园共育的发展。

视频资源5："欢乐迎新年，共享百家宴"亲子活动（案例来源：广西实验幼儿园　阳乾宇、陈钰琴）

4. 亲子手工制作活动

亲子手工制作活动是家长与孩子共同设计、制作手工品的活动，手工制作活动需要丰富多样的材料，教师可以发动幼儿家长一起准备。在亲子手工制作活动中，家长耐心协助孩子制作手工，有助于孩子专注力、动手能力的发展，还可以通过手工作品了解孩子内心的想法，与孩子享受一段温馨的亲子时光。

视频资源 6：亲子自制图书(案例来源：广西实验幼儿园　阳乾宇、陈钰琴)

5. 亲子才艺展示活动

亲子才艺展示活动是家长与幼儿共同筹备一个才艺表演向大家进行展示。亲子才艺展示的种类较为多样，例如亲子舞蹈展示、亲子歌曲展示、亲子乐器表演等。亲子才艺展示活动为幼儿与家长提供了一个良好的平台，幼儿在家长的陪伴下进行才艺表演，增添了展现自我的勇气，提升了自信心与成就感，也有助于促进亲子关系的发展。

二、亲子活动的组织策略

(一) 亲子活动开展前

1. 合理设计活动方案

幼儿园亲子活动方案设计的合理性影响着活动整体开展效果。首先，亲子活动方案的设计要关注幼儿身心发展特点，以更好促进幼儿的语言、认知、情感、社会性多方面的发展；其次，要考虑幼儿家长的兴趣需要、能力情况，不断创新活动形式，以激发家长参与兴趣，还应依据家长自身能力情况，适当调整难度水平；最后，鼓励幼儿家长参与方案设计，让家长感受到尊重与归属的同时，也能了解到幼儿园亲子活动的设计理念，共同推进活动顺利开展，为家园共育工作提质增效。

2. 充分考虑时间安排

在组织开展亲子活动前，要充分考虑活动时间的安排，以避免幼儿家长因时间冲突而无法来园参与活动。一是要预估亲子活动开展所需占用的时间，是全天、半天，还是1~2 个小时等；二是要对幼儿家长的空闲时间进行调研，征求家长的意见和建议后，再将开展亲子活动时间确定下来，确保家长能够按时到场参加。

3. 鼓励家长参与筹备

幼儿家长是家园共育工作中的重要主体，他们有着不同的人生阅历、个人特长、职业优势，教师要充分利用家长资源，做好幼儿园亲子活动的筹备工作。例如可以请家长帮忙收集活动所需的空牛奶盒、硬纸箱、易拉罐等物品材料，可以请有空余时间的家长来园协助活动场地的布置，还可以请有摄影特长的家长帮忙录制活动视频、拍摄照片等。幼儿家长参与亲子活动的筹备，不仅加强了家长作为共育主体的责任和意识，也有利于促进亲师关系的发展。

【案例 2-3-3】

种植园里的亲子乐（一）

【案例描述】

孩子们对于种植的兴趣越来越浓，班主任了解到班里有家长自己有农场基地，经过家委的沟通后，这位家长表示愿意在农场基地中开辟一块地方作为班级无土栽培种植基地，让更多的孩子与家长一起参与播种管理，让孩子们更好地观察植物的生长规律。

（广西实验幼儿园　张凤）

【案例评析】

幼儿园开展各项活动时，可充分利用家长资源，积极调动家长参与亲子活动的积极性，案例中的班主任就很好地利用了家长的资源优势，为孩子争取到了可以开展种植活动的种植基地，更好地促进了幼儿的发展。

（二）亲子活动开展中

1. 采用适宜活动导入方式

幼儿园亲子活动的导入方式较为多样，例如情境导入、绘本故事导入、游戏导入等，教师要依据活动的主题内容采用适宜的导入方式，导入的方式要力求具有一定的吸引力，以充分调动幼儿与家长参与活动的积极性。另外，教师需要向幼儿家长介绍此次活动的目的、活动的规则、活动中的安全事项等，让家长深入了解亲子活动开展的意义，且能够遵循活动开展要求，以保障活动的有序进行。

【案例 2-3-4】

种植园里的亲子乐(二)

【案例描述】

教师在教室的家园栏"请您配合"中写道：一年之计在于春，请每一位家长和孩子于3月第一周到本班种植园种上一棵菜苗，观察它的生长过程，并用照片或亲子图画的形式记录菜苗的生长过程，并记住定时浇水和除草。让我们一起感受种植的乐趣，体验劳动的辛苦，享受收获的幸福。

（广西实验幼儿园　张凤）

【案例评析】

此案例中的教师家园共育工作做得很好，充分利用家长资源，调动家长积极参与幼儿活动，家长的参与能够让孩子的种植活动更丰富，幼儿学到的知识更多，更好地促进了幼儿的发展。

2. 明确活动中的观察要点

在幼儿园亲子活动开展过程中，教师要明确活动观察的要点，做好相应的观察记录。一是要观察活动中幼儿的表现情况，包括幼儿的行为、情绪、语言等。二是要观察家长对幼儿的教育引导行为是否存在问题，为后续的指导工作做好准备。三是观察活动过程中出现的特别案例，例如一些好的经验方法、难以解决的问题等，可以在活动的总结环节进行分享。

3. 基于观察给予科学指导

教师在幼儿园亲子活动中要明确自身角色定位，教师不仅仅是活动的组织者、支持者，更是幼儿园亲子活动的指导者。首先，教师要树立指导活动的意识，明确自身指导的重要价值，切不可认为有家长在教育引导幼儿，自己就可以稍微松懈了。其次，把握活动指导的内容，通过对活动开展情况的观察，会发现家长与幼儿之间的互动、幼儿与幼儿之间的互动、家长对幼儿的教育引导等存在一些问题，例如有些家长在活动中可能过于包办代替，有些家长可能较少使用正面语言引导，还有些幼儿可能会出现争抢材料的情况，这就需要教师及时给予科学指导，以促进幼儿发展、帮助家长提升育儿水平。最后，教师的指导要注意抓住契机，且采用家长易于接受的方式，不要轻易打断幼儿与家长的专注，破坏了亲子的温馨时刻，在给幼儿家长做具体指导时，多进行换位思考，照顾家长的内心感受。

（三）亲子活动结束后

1. 组织分享交流环节

幼儿园亲子活动结束后，教师应及时组织幼儿与家长开展分享交流环节。分享交流环节主要分为两个部分。一是以作品展示为主的分享交流，由家长与幼儿一起向大家介绍共同制作的作品的设计理念、所想表达的寓意等。二是以交流收获与体验为主的分享环节，主要谈谈参与活动的整体感受如何、在活动中有哪些收获，以及活动中令自己最印象深刻的事情。

2. 对活动进行总结反思

每一次活动的开展都会带来一些经验启示，教师要擅于对活动进行总结反思，为提高幼儿园亲子活动开展质量打下基础，不断提升家长育儿水平，促进家园共育工作的发展。首先，教师自身要对亲子活动方案的设计、活动的组织情况、指导方式等进行反思，将好的经验方法梳理归纳，积极寻求解决存在问题的办法。其次，教师要及时收集幼儿家长对于亲子活动开展的反馈，重视家长给予的意见和建议，并根据家长的合理建议对幼儿园亲子活动进行相应调整，与家长共同提高幼儿园亲子活动的开展质量，以提升家园共育的实效。最后，教师要引导幼儿家长对自身教育引导的情况进行反思，根据活动中幼儿家长的具体表现，给予家长较有针对性的育儿建议，指导家长将在亲子活动中学习到的教育理念与方法延伸到家庭教育之中。

三、亲子活动的案例分析

【案例 2-3-5】

我与小树共成长

【案例描述】

结合 3 月 12 日的植树节，我们 EK21 的老师及家委与嘉和城后勤部联合商讨制定了关于植树节主题的"我与小树共成长"亲子植树公益活动方案，旨在通过家、园、社区共同合作，拓展环保教育内容，增强全民环保意识。

一、活动目标

知道植树节的由来，了解植树的重要意义及基本步骤；懂得保护环境人人有责，增强环保意识。感受亲子植树的快乐，获得一定的成就感；体验劳动的同时也增进了亲子间的感情。

二、活动流程

（一）提前策划营造氛围

1. 邀请家长参与，助力活动开展

通过微信、张贴倡议书等形式邀请家长和幼儿积极参与活动，让家长提前了解活动的具体安排及需要配合的相关事宜。

2. 吸纳幼儿意见，做好活动预热

教师与幼儿讨论植树的意义，介绍种植工具的使用方法、树苗种植流程及需要注意的事项。在交流过程中加深幼儿对植树活动的了解，增强环保意识。

①活动——猜一猜（植树节的由来）

②活动——看一看（植树的重要意义）

③活动——学一学（植树的基本步骤）

④活动——听赏唱（有关植树的歌曲）

（二）亲子合力种植树苗

（1）上午9点自驾前往嘉和城售楼部集合。

（2）嘉和城负责人给各个家庭分发植树活动的号码贴、树苗卡、心愿卡等，负责人介绍种植园区植树的注意事项。

（3）乘坐嘉和城公共汽车前往植树地点，以家庭为单位领取植树工具、树苗。

（4）家长与幼儿共同讨论植树的方法，然后开始植树，（挖坑、栽树、修围堰、浇水），注意安全，体验植树的快乐。

（5）写好、挂好心愿卡，唱歌表演后与小树苗合影留念。

（6）教师、家委小结，集体大合影，结束活动。

（广西实验幼儿园　黄珊）

【案例评析】

整个活动的组织将幼儿园、家庭、社区联合起来，得到了多方的支持与配合。一方面，充分利用了家长资源，邀请幼儿家长参与活动方案的制定，让家长意识到自己在家园共育中的重要价值。引导家长明确活动的目的，以及开展过程中所需注意的事项，且通过微信、张贴倡议书等多种形式对活动进行宣传，鼓励家长积极参与；另一方面，充分发挥了社区的环境优势，为亲子活动的开展提供了保障，真正做到多方联动促进幼儿的全面发展。

　　视频资源7：母亲节亲子活动(案例来源：广西实验幼儿园 阳乾宇、李欢欣)

　　视频资源8：重阳节亲子活动(案例来源：广西实验幼儿园 阳乾宇、潘丽萍、李欢欣)

　　总之，幼儿园开展亲子活动对幼儿、家长、教师都具有重要的意义。所以，幼儿园要认识到亲子活动的重要作用，科学组织亲子活动。家长要对自身角色进行准确定位，配合幼儿教师的工作，强化与幼儿之间的互动。幼儿教师也要强化对亲子活动的思想认识，设计符合幼儿身心特征的亲子活动。此外，幼儿园要重视对幼儿教师的教育培训，构建幼儿园亲子活动长效机制，以推动幼儿教育工作的高效开展。

【学以致用】

　　根据下面案例，设计一份亲子运动会方案，要求写出亲自运动会的设计意图，2个运动项目(须写出运动项目的名称，材料和玩法)，家长工作要点以及实施注意事项。

　　在与本班家长沟通中，大三班教师发现，不少家长平时很少和孩子一起运动，因为不知道可以和孩子玩什么。为此，教师准备举行一场班级亲子运动会，让家长体验到生活中随手可得的一些废旧材料，可以用来开展有趣的运动游戏，从而促进幼儿发展。

家长委员会

🎓 【学习目标】

（1）了解家长委员会的职责。

（2）明确家长委员会人员产生方式及成员标准。

（3）掌握家长委员会的工作方式。

🏅 【学习领航】

幼儿园家长委员会是连接幼儿园与家庭的桥梁，它的主要任务是帮助家长了解幼儿园的工作计划和要求，协助幼儿园的工作，反映家长对幼儿园工作的意见和建议，协助幼儿园组织家庭教育经验交流会，参与幼儿园管理，并对幼儿园的工作进行监督。幼儿园要组建家长委员会，选出适合家长做家委，明确家长委员会的责任、权利和义务。支持家长委员会活动的开展，并且建立家长委员会的评价和激励机制，充分挖掘家长委员会的潜能，使幼儿园、家庭和社区联动，以幼儿的发展为核心，使家长委员会成为幼儿园、家庭、幼儿发展的有力保障。

💻 【学习支持】

2012年教育部发布的《幼儿园工作规程》第九章幼儿园、家庭和社区第五十四条中明确规定：幼儿园应当成立家长委员会。2012年2月17日教育部印发《关于建立中小学幼儿园家长委员会的指导意见》（以下简称《意见》），明确要求有条件的公办和民办中小学和幼儿园都应建立家长委员会。

家长委员会是由家长代表组成，代表幼儿与家长根本利益，是家长参与幼儿园管理的常设性合作机构，在幼儿园行政组织的指导下，实现家庭与幼儿园联系、沟通，家园同步和谐教育的辅助性群众组织，负责开展幼儿园范围内的家园合作的具体活动，起着联系幼儿园和家庭的桥梁和纽带的作用。

《幼儿教育词典》中对"家长委员会"做了如下界定：幼儿园的家长组织，又称为"家长代表会"委员（或代表）由各班幼儿的家长推选产生，是幼儿园园长和教师助手，可协助幼儿园加强与广大家长的联系，保证幼儿园家长工作的顺利进行。

一、家长委员会职责

《幼儿园工作规程》(以下简称《规程》)对家委会的职责和工作内容有基本的解释，《规程》中规定幼儿园家长委员会的主要任务和内容："1. 对幼儿园重要决策和事关幼儿切身利益的事项提出意见和建议；2. 发挥家长的专业和资源优势，支持幼儿园保育教育工作；3. 帮助家长了解幼儿园工作计划和要求，协助幼儿园开展家庭教育指导和交流。"《教育部关于建立中小学幼儿园家长委员会的指导意见》明确规定了家长委员会的三项基本职责：参与幼儿园管理、参与教育工作、沟通幼儿园与家庭。具体来说，家长委员会的任务有：

(一)负责沟通信息

家长委员会的沟通能够及时掌握信息，了解情况，处理矛盾，融洽关系，形成共识，可以增强家园双方的沟通和了解。

1. 协助幼儿园宣传先进的教育理念

部分家长在教育理念上和幼儿园之间在教育观念上存在分歧，有些家长不认同幼儿园的教育理念，存在着许多的矛盾和隔阂。有的家长对幼儿教师所做的事情也不理解，甚至存在着抵触情绪，就更谈不上与教师合作了。家委会能帮助幼儿园与家庭相互沟通，增加家园双方的理解，有助于家园双方在教育观念上达成一致。

2. 帮助幼儿园了解家长的真实想法

幼儿园做决策的时候往往从幼儿园角度出发，很难从家长角度来考虑问题。幼儿园英明的决策应该是既考虑到幼儿园需求，又考虑到家长的想法。教师面对众多家长很难收集到家长的意见和建议，全面了解家长的真实想法。有时候家长会存在顾虑，担心如果不配合幼儿园的工作，老师会对自己的孩子不好，所以很难畅所欲言。因此成立家委会是非常有必要的，家委会成员较多，也一定程度上代表着部分家长，同时家委会成员与家长沟通会相对比较容易，能够减少顾虑。

3. 辅助幼儿园扫除合作的各种障碍

当幼儿园与家长之间发生纠纷时，家长委员会组织的中间身份就能够发挥作用了，家长认为与幼儿园是对立面，幼儿园方提供的建议或者做法对自己不利，但是家委会成员与自己一样的身份，与自己在同一战线，家长更容易接受家委会的建议和做法。

【案例 2-4-1】

有序的离园

【案例描述】

新学期的小班，孩子们入园已经有一段时间，在园一日活动的各个环节已初步形成较好的常规，但离园活动的常规还有待加强，离园前孩子们知道快要回家了，一些自控力不强的孩子，往往喜欢在教室里走来走去，坐立不定。门外的家长也是接娃心切，刚打开教室门，都争先恐后地挤在门口喊着自己孩子名字。家长们都挤在教室门口，孩子离园就遇到了困难，同时也存在着安全隐患。

老师将孩子离园接送遇到的困难与家委们进行商量，希望家委会能提出好的建议，家委们提出在班级管理问题上还想听听更多家长的意见，于是决定召开一次家长座谈会，与家长们共同讨论放学时如何能有序接孩子离园。在大家集思广益之后，家委们收集了家长提出的可行建议并开始实施：离园时家长站在教室门口一个跟着一个排队接孩子，让孩子能有序离园，有需要与老师做沟通的家长先留下来等孩子接完后再与老师沟通……班上老师在离园时也会组织安静的离园活动稳定幼儿情绪。一段时间过去，孩子们的常规已经慢慢建立起来，离园接送环节也变得有序多了，班上还相继开展了"文明离园大调查"活动，家长与孩子用绘画或收集图片的方式共同完成调查表，另外还开展了"文明离园小明星"的活动，每周评出"文明离园小明星"进行鼓励，让孩子之间能相互进行学习，培养了孩子们养成良好的行为习惯，也更好地帮助班级常规的建立。

（广西实验幼儿园　郭珍）

【案例评析】

在班级建设中，老师不能孤军奋战，因为有时候老师会站在老师的角度看问题，而忽略了家长的需求与问题。因而老师应该与家长携手共育，平日可以多与家委会分享班级活动，让家长能主动参与班级活动和教学活动，与老师共同关注孩子的成长，有了家长的积极参与和配合，教师的班级管理工作就会开展得更顺利。

（二）促进家园合作，形成教育合力

幼儿教师的时间精力和能力相对于班上几十个幼儿来说也是有限的。因此，只有幼儿园、家庭、社会共同配合形成合力，才能营造一个有利于幼儿茁壮成长的教育环境。家长委员会组织可以落实家长的教育主体者的地位，使家园互动充满活力，家长委员会

是家园同步家园不可或缺的一部分，幼儿园可从中了解家长的意见和需求，家长则可通过家长委员会及时反映问题和建议，起到很好的督促作用。

【案例2-4-2】

牙齿小卫士

【案例描述】

　　小吴老师准备在班级中开展保护牙齿的活动，组织幼儿在午餐后刷牙漱口再去午睡，但班级中还有很多幼儿尚未能独自完成刷牙。小吴老师请家长委员会的成员们一起商量此事，在进行多番沟通后，决定让家长先在家里引导幼儿学习刷牙，待幼儿能够独自刷牙后，再把牙刷、杯子、牙膏放到幼儿园中，逐渐培养饭后刷牙漱口、保护牙齿的好习惯，在家长委员会的组织下，家长们也十分支持这项活动的开展。

（广西大学第二幼儿园 陈枫）

【案例评析】

　　案例中的小吴老师想要逐渐培养幼儿保护牙齿的好习惯，但是由于教师精力有限，没有办法做到一对一地引导幼儿刷牙，活动难以推进，这就需要发挥家长委员会的作用。教师与家长委员会成员商量后，得出活动推进方式，由家长委员会负责组织，落实家长在教育中的主体地位，与教师一同推进保护牙齿活动的开展，形成教育合力，共同促进幼儿良好生活习惯的养成。

【案例2-4-3】

走进中医保健馆

【案例描述】

　　中班上学期，根据孩子们的兴趣，同时结合主题教学活动，教师在班级里创设了中医保健馆的角色区域，满足了孩子们对角色游戏的愿望。在区域游戏中，孩子们都喜欢扮演医生，拿起注射器对着自己的手指假装打针，把小药箱拿出来，玩里面的材料。有一次，我假扮成病人进去看病，小医生们不知所措，其中一名医生想了想从药柜子上拿起一盒药递给我，然后又玩起了药箱里的材料……孩子游戏的积极性很高，但是大多是对各种医用材料的探索性玩，对于扮演成医生或病人的角色后具体应该做什么还是很模糊，分角色来玩游戏也较少。针对这一生活经验的缺乏，教师与班级家委进行了商量，经大家商量讨论，家委们决定组织一次关于走进中医保健馆的亲子活动，丰富幼儿对医生看病的生活经验并让他们了解更多中医保健知识。家委们通过自身资源，很快就联系好保健馆做好了沟通工作，并在班群里向家长们宣传活动的设计意图和目的，家长们纷纷表示支持，都积极地配合开展活动。

活动中，家长和孩子一同参观了保健馆，听取保健知识讲座，并观看医生与病人的就诊过程、取药过程，在亲身体验和实际操作中了解中医保健的推拿按摩治病手法，活动后还让家长与幼儿共同填写"走进中医保健馆"活动记录表，帮助幼儿梳理专业知识和生活经验，并收集了许多有关就医和保健知识的书籍和绘本投放在阅读角里供幼儿阅读参考。之后在角色游戏里，看到孩子们能分角色扮演医生和病人，医生熟练地给病人看病，看完病给病人开药打点滴，还会使用推拿按摩工具帮助病人推拿治病。在此之后，教师注重收集幼儿在游戏中出现的问题以及提出的疑问，鼓励幼儿与家长通过到图书馆、上网查阅资料等方式了解相关资料，把搜集来的资料以图文并茂的方式记录下来，每周让幼儿进行相互分享；还邀请专业的家长进课堂，为幼儿讲解更多专业知识。

（广西实验幼儿园 廖晓斐、郭珍）

【案例评析】

案例中的家委会在幼儿园的活动组织与课程推进过程中起着非常重要的作用，架起了家园共育的桥梁，让家长走进课程、参与课程。通过家园形成合力，让家长有机会了解园本课程的发展，既知道要配合什么，又知道为什么需要家长这样配合，充分发挥了家长的主观能动性。在参与过程中，家长发挥他们的职业优势、技能优势，与教师共同为幼儿创造了园内外良好的教育环境，有效地促进了幼儿的发展。

（三）参与幼儿园管理

参与幼儿园管理是家委会的基本功能，通过具有代表性的家长集体，推行幼儿园有关的工作，家长参与幼儿园重要问题的协商和决策，参与学校的行政管理，对幼儿园德育工作、课程改革等都起到重要作用。如德国，幼儿园园长是由家长委员会征聘和选定的。

（四）具备幼儿园教学、宣传、伙食等具体管理功能

家长委员会的工作可以细分为教学、宣传和伙食三大部分。在教学上，家长对幼儿园的资源与材料的配备和使用有权提建议，可以在教室倾听儿童阅读，为学生教授特殊技能和专门知识。在宣传方面，家长委员会成员定期要为幼儿园的家长报、宣传栏、班级的"幼教园地"撰写文章，提供材料。在伙食上，家长委员会直接负责主任、厨师和

清洁工工作的管理。

二、家长委员会的组织策略

(一)家长委员会的人员产生

《意见》要求，有条件的公办和民办中小学和幼儿园都应建立家长委员会。学校组织家长按照一定的民主程序，本着公正、公平、公开的原则，在自愿的基础上，选举出能代表全体家长意愿的在校学生家长组成家长委员会。特别要选好家长委员会的牵头人。要从实际出发，确定家长委员会的规模、成员分工。事实上，家长委员会的组建形式多种多样，分别是：教师推荐、家长选举、推荐和选举结合和自荐等多种方式构成。

1. 教师推荐

教师推荐是指教师通过对班级家长进行了解后，从中推荐几位家长作为家长委员会的成员。幼儿园可利用家访、个别谈话等形式了解家长的文化素养和教育素养，认真选择具有较高素质和独特见解的家长加入家委会。这种方式的优势在于对家委会成员要求较高，能够保证家委会工作的顺利开展，同时也存在着较多的弊端，因为教师面对的家长比较多，所以教师对家长的了解也可能存在着不全面的情况，教师个人偏好以及其他因素影响着他对家长委员会成员的选择。其次，推荐会使家长处于被动局面，家长的积极性没有被调动起来，不利于家长委员会开展工作。

2. 家长选举

家长选举产生家委会成员，这种组建方式的优势在于，家长委员会成员是由家长选出来的，家长对他们是认可的，愿意主动配合家委会的工作。对于家长委员会的成员来说，家长的信任让他们具备着强烈的工作责任感。

3. 推荐与选举结合

部分幼儿园组建家委会，教师推荐和家长选举相结合，较之于前面的两种方式而言，是一种互补或者中和，但是这样方式实际上操作起来比较混乱，随意性较大。

4. 自荐

家长可自荐成为家委会成员，有意愿担任委员的家长，参加竞选演讲后，由家长们自由投票决定由谁当选家委会成员。

"善烘培的家委"

【案例描述】

小一班有个孩子的妈妈，是个全职太太，她非常擅长烹饪，经常给班级孩子带来一些惊喜，这个妈妈把自己烤的蛋挞带到幼儿园，做得非常好吃。在节日游园活动中，她经常负责班级中的糕点摊位，于是，幼儿园就邀请她加入了膳食委员会，在家长中分享制作西点的方法，后来从她身上还延伸出许多其他社会活动，如带着孩子们一起制作饼干和蛋糕活动。

【案例评析】

案例中的家长就是优质的家长资源，因为她有较多的空闲时间，并且有职业特长，在家长中具有一定的影响力。同时，这个家长还热心奉献，带着家长和孩子一起做蛋糕，积极配合幼儿园的各种活动。本身这样的家长本身就是丰富的资源，一定要将这样的人纳入家长委员会。

(二)家长委员会的工作方式

沟通家长与幼儿园的联系，密切家长与幼儿园的联系，是家长委员会的头等大事。当前，家长委员会的工作方式主要有两种。

1. 家长委员会接待日

幼儿园举办家长会和家长开放日期间，会前一小时和会后半小时，家长委员轮流在幼儿园接待室接待家长来访。

2. 家长委员例会

每学期举办 2~3 次家长委员会委员例会，与园长共同参加，参与幼儿园管理，及时与园长沟通工作信息，共同研究解决每学期需要重点解决的问题，以便使家长与幼儿园配合好各方面的工作。

三、家长委员会的案例分析

为了让更多的家长参与班级管理，防止部分家长在工作中产生懈怠，保证家长委员会工作的活力，家长委员会应每学年换届选举。家长委员会换届时，要注意做好交接工作，向新成员介绍目前的工作状况、工作中遇到过的问题、最近亟待解决的问题等，让新成员熟悉并适应工作。

【案例 2-4-5】

光电科技之旅

【案例描述】

班级有一位家委带孩子参观了哈工大机器人展，回来后主动与老师、家委联系召开家委会议商讨开展光电科技活动。在大家的商议下，我们由此开展了"光电科技"为主题的亲子体验系列活动，引导孩子们走进科技，激发科学探索兴趣。"光电科技之旅"主要由家委会和老师协商、策划、组织，分为集体活动、小组活动。集体活动为"快乐机器人——哈工大机器人走进课堂"，家委联系哈工大的机器人导师走进课堂，给孩子们带来了有趣的机器人，让孩子了解机器人的结构原理、操作机器人、与机器人互动跳舞等。小组活动为"光电之旅——观影活动"，家委组织家长分组带领孩子们到预约好的影院进行观影活动。孩子们跟随哈工大导师来到影厅先了解电影的产生，导师讲解了电影的形成过程需要光电的结合给予视觉上的冲击，孩子们通过触摸墙面的电影特效，观察散落的光影，感叹光电科技神奇的同时也展现出了极大的探索兴趣。接着实地进行了一场机器人球赛，通过控制器指引机器人完成运球、躲避等球场动作，并尝试去动手操作，感受电科技的强大。最后观看电影《变形金刚3》，进一步了解光电科技在电影艺术中的运用，知道电影的形成原因。

本次活动中家委起到了关键作用，提前做好各项工作的分工：总负责人是发起该活动的家委，确定活动方案，做好两部分活动内容中老师与家长之间的对接工作；负责财务的家委做好观影费用的收集；负责宣传工作的家委制作"光电科技之旅"宣传内容与链接，将整个活动内容在幼儿园网页、公众号、班级中展现，便于大家更便捷、直观地了解本次活动；其余家委分成三组负责在活动当天的秩序引导。

（广西实验幼儿园　莫英捷）

【案例评析】

整个"光电科技之旅"的活动由家长发起，家委统筹，教师协助。家长委员会发挥其"参与幼儿园工作、教学，发挥其监督、管理"的作用，挖掘更多家长资源，改变了以往教师组织活动为主的形式，家长即是活动的组织者，也是活动的参与者、观察者和支持者，发挥家园共育的时效性。家委间分工明确，各施所长；积极参与教学活动的策划与组织，充当了多元的角色，更好地提高了家长参与幼儿园教学活动的积极性，增进亲子间的情感，提高亲子活动的质量和效率。

家长委员会是加强家园联系的有效形式，它能够使幼儿教育更加民主，从而促进幼儿的成长。各班可以通过投票推荐 1~2 名关心幼儿教育、时间比较充裕，并且具有奉献精神的家长作为家长委员会的成员。家长委员会的亲自参与，一方面可以用家长的思考模式，给幼儿园提出问题和参考意见；另一方面，家长委员会可以监督和协助幼儿园开展各类教学活动，既能增强与教师的交流，也能理解幼儿园的教学思路。

【学以致用】

班级成立了家长委员会，教师与家长委员会成员沟通幼儿活动时，家长们的态度很好，但很少对活动提出建议。教师表示希望家长对幼儿活动有一些自己的想法，多发挥作用，可是家长委员会总抱有一切听教师的安排、配合教师就可以了的心态，不好意思在家长委员会中多发表意见。久而久之，家长委员会形同虚设，一直由教师单方面开展活动。面对这种情况，请你思考一下，教师该如何使家长委员会真正发挥其作用呢？

第五课

家长/社区志愿者

🎓【学习目标】

（1）理解家长/社区志愿者的价值，工作内容与参与幼儿园活动的方式。

（2）掌握招募家长/社区志愿者的方法与活动组织策略。

🏅【学习领航】

家长志愿者是家长在自身条件许可的情况下，运用自身所拥有的人力、物力、信息等资源义务为幼儿园提供服务，它是当今世界学前教育改革发展的潮流与趋势之一。然而，当我们客观而冷静地审视家长志愿者活动时，总能感受到外在的热闹，有时不免还有些流于形式，很多时候家长仍处于被动配合的状态，家长资源运用不充分，活动收获与效益有更大的提升空间。如何才能更好地利用家长/社区志愿者的资源，如何让家长/社区志愿者活动更有质量，是本课探讨的内容。

🖥【学习支持】

对幼儿而言，家长志愿者参与幼儿园活动，一方面，家长职业的多样性可以拓展幼儿的认知经验，丰富幼儿的情感体验；同时家长在活动中展现出不同的一面，会成为幼儿崇拜和模仿的对象，给幼儿树立学习的榜样。另一方面，家长志愿者参加幼儿园活动，可以让幼儿感到新鲜、有趣，促使他们更积极、主动地参与活动，自主学习，独立思考，大胆尝试。

对家长而言，家长志愿者在活动开展中，一是可以对孩子言传身教，给孩子树立好榜样。二是在教师专业引领下，家长学会从幼儿的视角观察、分析幼儿，增强亲子情感，强化亲子关系。三是通过参与活动，提升家长科学育儿的经验与能力，强化家长作为教育者的意识。

对幼儿园而言，一是家长志愿者参与幼儿园管理，丰富了幼儿园的教育资源。家长志愿者的职业、特长、爱好等都可以转换为教育资源，扩展教师的课程资源。二是家长志愿者为幼儿园的建设与发展出谋划策，为幼儿园的可持续发展提供了智力支持。三是幼儿园的师资力量非常有限，家长志愿者参与活动，可以有效地解决幼儿园人手短缺的问题，使活动的开展更安全、更顺利。四是家长与教师在活动中进行深入的交流沟通，为教师提供帮助和建议，这也促使教师的专业能力不断提升。

一、家长/社区志愿者的活动内容

（一）区域活动的指导

幼儿园可以创设家长/社区志愿者进区域的活动形式，邀请家长/社区志愿者有目的地参与幼儿区域活动，如阅读区、建构区等，与教师共同构建有效的教育策略，建立和谐亲子关系。

【案例2-5-1】

阅读区的"故事妈妈"

【案例描述】

今天，伟伟妈妈进入阅读区，带领孩子们阅读绘本《牙齿大街的新鲜事》。八个孩子围坐在伟伟妈妈身边，认真听伟伟妈妈讲述。伟伟妈妈边讲述边提问，还带领孩子学说了词语"连推带拉""横冲直撞"，最后，伟伟妈妈拿出刷牙计时器，让孩子们模仿刷牙的动作。伟伟妈妈不像带班教师需要巡回指导全班孩子，她全程在阅读区，细心地指导孩子们阅读，带领孩子们欣赏绘本，用动作表演绘本，这些有趣的活动得到了孩子们的欢迎和认可。

【案例评析】

幼儿语言的发展与其情感、经验、思维、社会交往等能力的发展密切相关。因此，发展幼儿语言应渗透在各领域的教育中。教师开展的集体活动并不能满足小班幼儿的语言发展需求，于是我们有效利用区域志愿者，让爱好阅读的家长进入区域，在活动过程中，家长通过游戏的方式，帮助幼儿提高语言表达能力。如：你说我答、动作表演等，让幼儿在游戏中学说、乐说，让幼儿在信任、宽松的氛围中，学会自由交流。

另外，除了邀请家长志愿者参与区域活动指导，还可以邀请班内家长在班级每周开展幼儿园儿童图书馆的图书借阅活动时来担任阅读陪伴员和图书管理员两种志愿者角色，与教师一起陪伴幼儿阅读，协助幼儿管理图书，从而了解幼儿的阅读特点，学习正确的阅读指导方法。

【案例2-5-2】

"兼职"管理员(一)

【案例描述】

　　为了培养孩子的责任感，提高孩子的自信心和组织管理能力。我们在放学期间开展"梦想书屋图书管理员"的活动，鼓励家长大管理员和幼儿小管理员积极报名，担起责任，学习图书馆管理知识，成为一名合格的大、小图书管理员。

(广西实验幼儿园 李欢欣)

【案例评析】

　　家长志愿者担任图书管理员，一方面能协助教师开展教育教学活动，让家长站在教师的角度体验学校教育，和教师携手共同促进教育教学工作；另一方面，家长志愿者进入校园，也能更好地督促校园工作，拉近家园间的距离。本次的图书管理员工作与以往单纯的家长志愿者有些不同，这里的管理员志愿者包含家长和孩子，在担任志愿者工作的同时，家长们也能给孩子做好当管理员志愿者的榜样，鼓励和督促孩子做好小小管理员的工作，培养孩子的责任感和服务意识。

(二)家长/社区志愿者进课堂

　　家长/社区志愿者进课堂也可称为家长助教、社区志愿者入园指导。志愿者队伍里多元化的职业元素可以打破幼儿教师知识和能力的局限性，为幼儿园课程的纵深发展提供丰富资源。家长/社区志愿者进课堂可以大体分为以下五种：

　　一是专业助教。如警察、医生等专业，可以给幼儿带来自我防卫、消防和交通安全、良好的卫生习惯等专业知识。另外，如园林设计师、植物专家等职业技能性强的家长/社区志愿者，可以邀请其指导幼儿园种植区的规划与设计等。

　　二是习俗与传统助教。在传统节庆、地方习俗文化活动中，幼儿园可动员家长群体中、社区内对当地习俗文化了解较多的志愿者、非遗文化传承人等进入课堂，向幼儿传授习俗文化与传统文化。

　　三是参与班级或幼儿园的大型活动。幼儿园里每年都会有一些大型活动，如"六一"、新年庆祝活动，还有读书月，端午、中秋等节庆主题活动。

　　四是参与制作教玩具。通过"手工达人"志愿活动，引导家长/社区志愿者们通过与教师一起收集材料制作教玩具，认识到孩子的学习特点和发展需求，从而了解如何为孩子选择适宜的游戏材料和内容。

五是协助幼儿园进行安全管理。家长志愿者协助幼儿园维护幼儿园及其周边的交通安全，协助幼儿园做好入园、离园期间安全秩序的维持、安全保卫、文明引导等工作，为孩子们的人身安全撑起"保护伞"，共筑家园安全屏障。

视频资源9：家长进课堂——回顾大阅兵(案例来源：广西实验幼儿园：阳乾宇、陈钰琴)

二、家长/社区志愿者的活动组织策略

(一)发出招募家长志愿者倡议

设计志愿者倡议书，动员有条件的家长、社区志愿者填写申请报名表。

幼儿园家长志愿者申请报名表(一)

班级	幼儿姓名	家长姓名	联系方式	服务项目					
				辅助教学或组织活动	外出参观	制作教玩具	安全巡视	摄影、摄像	其他

幼儿园家长志愿者申请报名表(二)

志愿者服务内容	服务时间	志愿者签名
区域活动指导(手工、棋类、纺织、科学小实验等)	每天下午3:30~4:30	
种植园地管理	每周二、五下午4:00~4:30	
班级论坛维护	每天	

续表

志愿者服务内容	服 务 时 间	志愿者签名
家长教师(根据您的特长或是职业,来园当一次家长教师)	根据课程需要安排	
教玩具制作	根据活动需要安排	
好书漂流管理	每周一	
环境布置	结合主题进行	
协助教师组织参观活动	与课程结合	
组织班级亲子活动	定期	
摄影、摄像	与课程、幼儿园大活动结合	
图片处理	随时	
幼儿成长记录册制作	每月	
故事妈妈	随机安排	
自然角管理	每周一次	
……		

(二)志愿者活动的招募原则

(1)与幼儿园课程内容相关的,家长可以协助的。

(2)与家长职业相关的,可以为孩子所用的。

(3)家长的特长,孩子的兴趣,也可以成为志愿者活动的资源。

(三)家长志愿者参与工作的准备

首先,教师要给家长志愿者"备好课"。幼儿教师可对家长进行口头的、书面的和实地的指导。为了帮助家长们胜任志愿者角色,我们给予了一些温馨提示,如,针对晨间接领员的提示是"在门口接领幼儿时请您密切关注来往车辆,注意幼儿及自身安全"。又如,针对阅读陪伴员的提示是"带领幼儿一起阅读时请您将图书面朝幼儿,可以用提问的方式与幼儿进行交流互动。活动中请您关注幼儿的阅读姿势,指导幼儿轻轻翻阅,爱护图书"。在具体活动前,还有相关的指导。如:"来做图书馆志愿者的家长请不要穿高跟鞋，进入图书馆后脚步尽量放轻，要轻声和孩子交流，轻拿轻放图书和物品，家长的榜样示范是最好的教育。"这些看似自然的提示蕴涵着幼儿园及幼儿教师对教育的理解。

（四）家长志愿者工作后的资料整理及反思

每次家长志愿者活动结束后，教师要及时收集、整理相关资料。资料包括文字资料、物质资料和影像资料。

【案例 2-5-3】

"兼职"图书管理园（二）

【案例描述】

一位担任过图书管理员的志愿者妈妈在班级微信群中分享了自己的体会："今天我特意换了平底鞋，早早来到图书馆。活动过程中，我发现两位老师都是轻轻搬动椅子，轻轻走路，指导个别孩子时也是俯下身轻声细语，而孩子们也在老师的影响下安静地阅读。这次的经历让我很受震动，以前我一个劲儿地督促孩子要这样要那样，但大多是说教，根本没在意自己的行为，其实孩子一直在模仿大人的一举一动呢。"

【案例评析】

案例中的家长志愿者担任图书管理员另有收获，教师的"言传身教"为家长上了一节育儿指导课，教师用他的专业性教育了家长，也让家长体验到了教师的专业性，这将更有利于教师今后家长工作的开展。

（五）对家长志愿者进行及时的肯定和感谢

（1）教师可在活动之后做一个简短的小结，肯定家长志愿者的付出，并鼓励班级所有的幼儿对家长志愿者的辛勤付出说一声"谢谢"。

（2）可以为家长志愿者建立档案，在幼儿园公告栏，或是班级公告栏公示家长志愿者的名字，让其他的家长都认识、记住他们。

（3）事先组织幼儿为家长志愿者做一些有纪念意义的小礼物，在活动当天送给家长志愿者，感谢他们的努力和付出。

（4）以班级幼儿的名义给家长志愿者写一封感谢信（教师和幼儿一起商量信的内容），感谢志愿者为班级幼儿做的一切努力。

（5）学期结束时给所有的家长志愿者颁发"感谢信"。

三、家长/社区志愿者的案例分析

【案例2-5-4】

图书管理员（三）

【案例描述】

行动一：和孩子讨论如何当一名合格的"小小管理员"

讨论内容：

（1）图书馆开馆前应做好哪些准备？

（2）在图书馆里应该怎么做？

（3）图书怎样分类放好？

（4）图书馆很吵闹，管理员应该怎样有礼貌地提醒？

行动二：表明教育目的，鼓励家长积极报名

教师把本次"图书管理员"活动的教育目的和教育内容告知家长，鼓励家长按自己的时间做好配合和报名工作，知晓当家长义工的任务和责任，家园共同做好教育工作，做好家园配合。

行动三：组织家长和幼儿，开启图书馆义工活动

（1）家长义工和孩子共同做好自己的义工职责，不大声喧哗、打闹。

（2）做好孩子的榜样，鼓励和引导孩子一起将凌乱和归还的书本分类放好。

（3）维持现场秩序，和孩子一起用礼貌的言语和得体的手势提醒大声喧哗的借阅者。

（4）结束后和孩子一起收整物品，将物品归位。

（5）和孩子交流、分享和小结今天的活动收获，做得好的地方有哪些，不足的地方在哪里，下次可以怎样做得更好，通过反思和回归，达成我们的教育目的。

行动四：肯定和鼓励

活动结束后及时给予家长义工和孩子们肯定，表扬其做得好的地方，感谢家长们的辛苦付出。

（广西实验幼儿园 李欢欣）

【案例评析】

通过"家长义工进校园——图书管理员"活动，将教育的内容融入活动，让家长参与其中，共同达成教育目的。本次活动做好了充足的计划，体现在提前和孩子进行如何当合格小小管理员的学习和讨论，提前和家长义工进行沟通和学习。充分利用家长资源，让家长进入校园，了解校园工作，了解教师工作，了解校园教育理念，设身处地地把自己当成一名教育者、服务者，做好孩子的榜样，潜移默化地影响孩子。另外，孩子在当小小管理员的过程中，一方面能进一步学习和熟悉进入图书馆的礼仪和工作知识，另一方面也能提高自身的责任感和服务意识。

【案例 2-5-5】

我们一起阅读

【案例描述】

(一)缘起：借书

小班开学一个多月了，每天都有孩子因为抢那两本立体书而哭闹甚至打架，也有孩子在看书的过程中，不但不爱护图书，还有撕书、书本掉地上不捡而且还踩过去等现象，而书架上的《白雪公主》《小红帽》等图书无人问津……

有一天，钰钰带来了一本立体转转书《炎炎夏日去海边》，孩子们围着钰钰，个个都想摸一摸、看一看这本有齿轮转动图像的书。

我问钰钰："你可以给大家讲讲这本书吗？我们都想听一听这本书里的故事！"

钰钰满脸自豪："可以呀！这本书里的故事是《炎炎夏日去海边》……"

故事讲完了，钰钰赢得了孩子们掌声！

放学的时候，钰钰把书借给好朋友芝芝带回家看，芝芝高兴极了！表示一定爱护图书，第二天会把书带回来还给钰钰，而玲玲、芳芳已经在排队等着借这本有趣的立体书！

看到孩子们对同伴的图书这么感兴趣，经过孩子们的讨论决定，我们开展了由孩子们把自己家里的好看的图书拿来幼儿园与同伴分享的阅读活动。

(二)行动：我们一起读书

1. "一起读书"倡议书

"怎么让爸爸妈妈知道我们想把图书带来幼儿园分享，同时又可以把同学们的书借回家这件事情呢？"

"老师，您给爸爸妈妈们写个通知吧！"

"好主意！除了老师，还有谁可以帮我们写这个通知呢？"

"老师，我来！我会写简单的字！"

"老师，我会画画，我可以把带图书这件事情画给爸爸妈妈看！"

就这样，孩子们用绘画的形式记录了活动。我们老师也在家长群里与家长们共同讨论：书籍是人类进步的阶梯，每个孩子的成长中都会有许多好书相伴，但随着孩子的慢慢长大，有些书也逐渐"沉睡"在家中，许多好书被束之高阁。为了让这些图书能更好地发挥作用，培养孩子喜欢阅读、爱护图书、学会分享的良好习惯，我们班将举行图书分享活动，孩子们把这个活动命名为"我们一起阅读"。

2. 一起布置亲子书吧

一本本心爱的图书来到了我们的教室，在孩子们的共同讨论下，我们一起把教室门口明亮的走廊布置成亲子书吧，书吧里放置的都是孩子们从家里带来的小帐篷、小沙发、小书桌等。书吧入口处，孩子们一起讨论并制定了图书借阅的规则，看书的约定等。

每周一，孩子们把自己喜欢的图书放到书吧。周一下午，孩子们带上自己设计的借书卡，在小图书管理员和"家长义工"处借书，把借书卡放到图书借阅的位置，拿着图书回家和爸爸妈妈一起看，一起讨论书中的故事，把书中有趣的内容记录下来和大家一起分享。

图 2-5-1　幼儿园的亲子书吧

3. 一起探寻"图书的秘密"

爸爸妈妈遇到了阅读图书的困难——

"我爸爸妈妈说不会讲故事……"

"我爸爸妈妈也是……"

……

爸爸妈妈们开始着急了，不知道怎么引导孩子发现图画书中要表达的情感，同时也没有办法引导孩子做读书记录等。

在孩子们和爸爸妈妈们的要求下，我们利用周五放学以后的时间，开展了"我们一起读书"观摩活动。爸爸妈妈们在接孩子的时候，进教室看老师拿着图画书给孩子们讲故事。

图画书到底该怎样去阅读？

首先，从封面开始，给孩子讲一本新书时，不要急着去阅读内容，先和孩子一起欣赏书的封面，封面通常是书中故事的精华，让孩子看着图画，推测一下这本书讲的是什么故事，然后再翻阅页面。阅读前看图猜故事会启发孩子的想象力、推理能力，同时也能训练孩子的表述能力等。认识封面上的书名、作者、出版社等。

其次，留给孩子自己看图时间，让他在欣赏书中的图画的同时，自己想象关于这本书的故事内容，在读图画中获得满足。

阅读中，每当孩子复述故事或回答问题后，一定要注意鼓励和表扬，或者奖励，以便提高孩子对阅读的兴趣和积极性，培养读书习惯。

阅读后，为了让孩子加深印象，帮助记忆，在阅读中或阅读后，可以提出一些和故事相关的有意思的问题，让他回答，既可复述故事，又可以锻炼语言表达能力。如：这个故事里讲的是谁的故事？故事中都说了些什么？你喜欢故事里的谁，为什么？另外，提的问题一定要紧密结合故事的内容，可以是知识性的，也可以是智力测验性的。总之，提出问题是巩固阅读内容的最有效的方法之一。

通过观看老师和孩子们一起读书，爸爸妈妈们对亲子阅读有了更直观的认识。

4. 争当图书管理员

放学时间，孩子们因为要借书往往需要排长队……

老师也是手忙脚乱，一面给孩子借书，一面提醒家长们签字。

钰钰妈妈自荐："老师，我们可以带着孩子协助您的工作，担任图书管理员吗？"

就这样，很多家长加入了"图书管理员"的队伍，让借阅活动环节流畅。图书管理员帮忙整理书籍、登记借阅卡，给借阅图书的小朋友一个提醒等，大家一起融入爱阅读、共同管理图书中，逐步学会保护自己、他人的书籍。

(三)收获：我们爱阅读

1. "宝宝讲坛"我最棒

"今天，我要和大家分享的图书是《好饿的毛毛虫》，有一天……"

这是每天餐前讲述最令人期待的时刻，借阅图书的孩子们向我们全班小朋友推荐自己看过的图书，复述图画书中大概的内容，让别的孩子也一起来了解这些图画书的有趣的故事。

2. 故事爸爸故事妈妈入园讲故事

"我妈妈讲故事可好听了！"

"我爸爸讲的故事也很好听!"

"让你妈妈来给我们讲个故事吧!"

在孩子们的提议下,诺诺妈妈、小宇爸爸等家长走进幼儿园,走进课堂当中,来给我们讲故事。爸爸妈妈们说,能参与班级的讲故事活动,对自己和自己的孩子非常有益,给孩子起到一个示范的带头作用,孩子们越来越爱阅读,愿意大胆表达自己阅读后的想法与感受。

3. 故事爸爸有办法

"我爸爸很忙,不能来幼儿园讲故事!"

琪琪的闷闷不乐引起了爸爸妈妈的重视,但是因为工作忙不能来到幼儿园讲故事,是爸爸的遗憾。怎么帮助爸爸也能给我们带来精彩的故事呢?

(1)故事爸爸电台。

"大家好,我是小二班琪琪的爸爸,今天我给大家带来的故事是《爸爸,我要月亮》……"

午睡时间,故事小音箱中传来了琪琪爸爸的声音,伴随温暖的故事声,琪琪带着幸福的笑容和全班小朋友一起在故事声中睡着了……

从此以后,孩子们都很期待躺在床上听"故事爸爸电台"的故事……猜想着今天是谁的爸爸会在电台给我们讲睡前故事呢?

(2)扫"二维码"听故事。

"手机扫一扫,你就可以听到我和妈妈讲的故事!"

接送的爸爸妈妈、来班级参观的客人们都知道,我们班的故事大王越来越多了,班级"故事墙"越来越丰富了,墙上贴满了孩子们和爸爸妈妈在家讲的故事二维码,还有孩子们在学校参加一周两次的"宝宝讲坛"的故事二维码。二维码让更多的人们听到我们讲故事的声音,看到我们自信满满讲故事!

图 2-5-2　幼儿扫二维码听故事

4. 亲子故事表演

小班第二学期期末，孩子们和爸爸妈妈一起选择自己一学期看过的最喜欢的故事，设计剧本、制作服装道具，参加班级的"亲子故事表演"。在动作、台词、音乐、舞蹈和美工等维度进行创作与表演，在多门艺术门类的生态融合中获得表演的经验，体验亲子合作表演的快乐。

亲子故事表演活动流程：

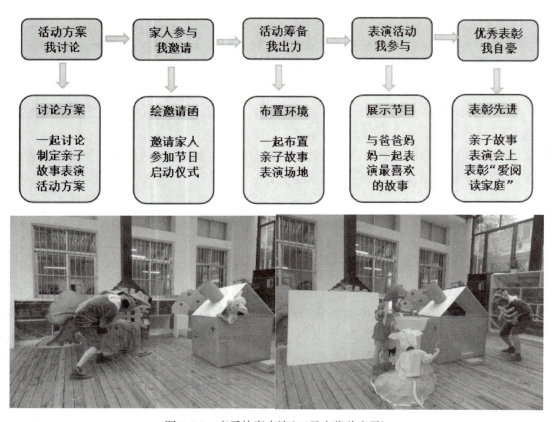

图 2-5-3　亲子故事表演《三只小猪盖房子》

（广西幼儿师范高等专科学校实验幼儿园　蒙姣妮　肖蓉）

【案例评析】

图画书以美好的精神食粮温暖和滋养着每一个幼儿。图书的流动，家长的加入，亲子阅读故事，宝宝讲坛，故事爸爸故事妈妈等，系列活动的设计与实施，是多维开放的过程，是师幼互动、家园互动、亲子共建的过程。教师的引导，幼儿的尝试，家长的支持与呼应，共同形成家园合力，一起拓展了图画书的视角和界面，补足幼儿精神之钙，为幼儿的精神成长和全面发展打下良好的基础，让幼儿成为温暖、快乐、自信的人！

　　视频资源10：参观动车站（案例来源：广西实验幼儿园：阳乾宇、李欢欣）

　　视频资源11：参观动车站（案例来源：广西实验幼儿园：阳乾宇、陈钰琴）

　　家长/社区参与志愿者活动是家长了解幼儿园，信任、认可幼儿园的非常重要的举措，想要达到家长的信任、达到预期的效果，教师要充分做好前期工作，帮助家长做好心理、物质上的双重准备，在过程中通过细节赢得家长的尊重和认可，激发家长持续参与活动的兴趣。

【学以致用】

　　在工作中经常有教师反映："家长们对参与助教活动不是特别积极，常常说太忙没时间，或不知道该怎么做，可又觉得不参加不合适，反而成了心理负担。"面对这种情况，教师只能先自己设计家长助教活动的任务，然后再安排给家长，家长助教成了教师的"傀儡"。即便如此，家长还是不愿意来参加助教活动。针对这种现状，思考教师该如何激发家长参与的积极性呢？

面向个别的合作共育之"方"

【情境导入】

案例：新学期伊始，不少幼儿园新生家长们都收到了老师要来家访的通知。很多没有任何家访经验的新生父母们集体患上了"家访焦虑症"，有家长问："老师来家访，我们要准备什么?""家长要给家访老师送礼吗?""老师家访主要关注什么内容?"因此，幼儿园教师需要注意，家访前要跟幼儿家长说明家访的目的，告知家长家访只是教育的需要，新生家访的主要内容一是了解一下孩子的家庭情况、学习习惯、生活习惯，二是让家长了解孩子新入园要注意的内容，以及如何配合幼儿园帮助孩子共同度过刚入园时的焦虑期和护理期等。家长如实就相关内容与教师进行沟通就可以，不用过于焦虑。

【单元聚焦】

幼儿园的家访工作是深入了解幼儿，架起家长、幼儿和教师三者之间的桥梁，有助于形成教育合力。除此之外，幼儿园还有其他形式的面向个体的家园共育形式，如家长开放日、家长进课堂、家长委员会、家园联系册等。

接送交流活动

【学习目标】

（1）掌握接送交流活动的内容。

（2）了解接送交流活动的类型。

（3）掌握接送交流活动的开展方法。

【学习领航】

　　幼儿园的接待工作是指幼儿园的全体教师在幼儿晨间入园和下午离园时间段中，以积极、真诚、尊重的态度面对幼儿及家长，耐心反馈和解答家长提出的关于幼儿当天或近期在园、在家的问题，接受并履行家长关于幼儿身体、心理成长方面的合理委托，以促进家园良好沟通，帮助幼儿更加健康、顺利地在幼儿园生活的一种接待工作。

【学习支持】

　　早上家长送孩子，教师接孩子，傍晚教师送孩子，家长接孩子的过程中所进行的家园交流。幼儿园接送交谈由于其"短、频、快"的鲜明特点，成为家园沟通的有效方式，并受到广大教师和家长的热烈欢迎。接送交流中，交流孩子的学习生活和教育情况，能够联络家园感情，同时，交流也是展示教师专业形象和专业素养的途径。

　　接送交流的优势在于不用专门找时间、不用奔波，面对面交流更加直接。劣势是时间比较仓促，交谈过程短暂，再加上接送阶段家长来园时间比较集中，教师需要关注的家长和事情比较多，无法针对个别孩子的问题进行深入交流沟通。

【案例 3-1-1】

难以交流的接送环节

【案例描述】

　　小莉刚入园不久，还没适应幼儿园的生活。所以，小莉的妈妈想在接送的时候和老师交流一下。可是，早上送孩子的时候老师怕影响孩子的情绪，常委婉地拒绝她："小莉，跟妈妈说再见。"希望家长快走。下午接得早，老师又怕影响别的孩子的情绪，又说不了几句。偶尔接得晚，老师又要下班了，小莉的妈妈也不好意思说了。

【案例评析】

　　教师和家长之间未能进行充分的交谈，一是时间短促。入园时整个接送过程往往发生在短短几分钟内，老师无暇和家长交谈，离园时大多是老师看到家长便喊孩子的名字，然后把孩子交给家长，家长接到孩子就离开幼儿园。二是分工不当。在接送时，一般只有一位教师接待家长，即使教师和家长都想与对方交谈，但在人员集中、场面混乱的情况下，单独交流是不现实的。

　　解决对策：针对这种情况，幼儿园可实行相关制度，计划好一个月内第一周与哪些家长沟通，第二周与哪些家长沟通……尽量做到一个月内与每位家长都能沟通一至两次；也可在接送高峰到来之前，一位老师负责组织孩子活动，另一位老师负责接待家长，就可以充分利用接送时间与家长沟通。

一、接送交流活动的内容

　　(1)教师每天在晨间入园和下午离园时间段里把快乐和关爱送给每位幼儿及其家长。

　　(2)及时询问或耐心听取家长反映的幼儿当天或近期在家的表现，简单反馈幼儿当天或近期在园的突出行为和表现，并真诚地给予幼儿鼓励与指导，与家长做好沟通。

　　(3)当教师在晨间接待时通过主动询问或家长告知而了解到幼儿的身体不适或情绪不佳时，保教老师应积极地配合并认真履行对幼儿关注的承诺，并在下午离园时及时地将幼儿的信息反馈给家长；保健老师应对生病的、家长委托喂药的幼儿做好用药记录，并将药品妥善保管。

二、接送交流活动的类型

(一)常规接待

　　来园和离园时接送孩子比较集中的时间，来园家长比较多，需要教师进行全面的接待工作。家长向教师了解的内容有幼儿在家情况，一般包括睡眠、进餐、活动等，像家长介绍近段时间孩子的各方面表现，并对家长提出的问题作简要的答复。

1. 晨间接待

（1）适用范围：幼儿园晨间活动时段主要是指每天早晨从幼儿踏入幼儿园大门开始，到晨检、进入班级活动室，到完成与老师问早、简单劳动、选择桌面游戏进行活动或户外体育锻炼等，直到开始日常教学活动之前的一段时间，都属于幼儿园的晨间活动时间。在这段时间里，教师面对幼儿及家长进行的接待工作，就是晨间接待工作。

（2）接待目的

一是迎接幼儿与家长，让幼儿、家长、教师每天都有一个良好的开端。二是教师、家长相互简单反馈幼儿在园、在家的情况，有针对性地鼓励与指导幼儿。三是发现并接受家长关于幼儿身体、心理突然变化关注的委托。

（3）接待意义

第一，成功的晨间接待是幼儿在园一天的良好开端。第二，成功的晨间接待是帮助幼儿顺利过渡到后续教育活动的有利环节。第三，成功的晨间接待是家园建立良好合作关系的基础。

2. 离园接待

（1）适用范围：幼儿园离园接待是指在幼儿下午集体或区域活动之后到家长来接幼儿离开班级、离开幼儿园这一时间段里，教师面对幼儿及家长进行的接待工作。

（2）接待目的

一是教师向家长反馈幼儿在园一天的情况，鼓励幼儿的点滴进步，指出有待进步的方面。二是及时、主动向家长反馈早晨入园时，教师接受的家长委托事宜的完成情况。三是为幼儿在园的一天画上完美的句号，为新的一天的良好开端打下基础。

（3）接待意义

幼儿每天的离园时段是家长与幼儿分别一天后又重新见面的时段，当家长见到孩子时，幼儿的穿戴、情绪、精神面貌都会引起家长对幼儿当天在园情况的关注与猜测。离园时也是教师向家长反馈幼儿在园一天的大致情况以及家长委托的相关事项完成情况的最佳时间。

【案例 3-1-2】

与家长的晨间交流

【案例描述】

这天早晨，豆豆妈妈送豆豆来上幼儿园，与梁老师交流道："梁老师，豆豆这两天感冒了，有点咳嗽，可以请你今天多提醒豆豆喝水，帮豆豆勤换下汗巾吗？我很担心她的感冒会加重。"梁老师说道："豆豆妈妈，请您放心，这个事情我会好好关注的。"得知情况的梁老师，提醒豆豆多喝温水，及时帮豆豆换下汗湿了的汗巾，午睡时不时摸摸豆豆的额头，给豆豆盖好被角。到了离园的时间，豆豆妈妈来接豆豆，梁老师主动向豆豆妈妈说明豆豆的在园情况，豆豆妈妈表示很感谢梁老师的细心照护。

【案例评析】

　　家长在送幼儿入园时，会与教师说明关于幼儿身体、心理关注的委托。教师在做晨间接待工作时，要注意耐心倾听家长的需求，并在幼儿离园时主动交流家长较为关心的问题，让家长知道教师已将自己的需求放在了心上，对教师更加认可和信任。案例中的梁老师利用晨间接待时间与家长相互交流，将家长的需求记在心中，离园时主动与家长说明幼儿的在园情况，与家长间建立了信任关系，为促进家园共育打下良好基础。

(二)特殊接待

　　这是面向全体、注重个别差异的具体指导形式。孩子各不相同，幼儿教师在工作中要仔细观察，及时发现，根据幼儿的情况，有目的、有针对性地接待家长。

1. 适用范围

　　此类是对家长个体或群体因特殊原因进行的接待，如对幼儿园或班级的管理规定或活动规则有意见，或者因幼儿们之间的纠纷无法自行调解需要教师协助的，这些可以统称为问题式接待，问题式接待的发起者是家长。

2. 接待目的

　　一是解答家长对于幼儿园相关教育理念、活动事项的询问。二是解释、沟通家长对于班级管理事项、规则的意见或建议。三是协调解决幼儿之间的纠纷、误解。

3. 接待意义

　　教师对于家长诸多"问题"的合理接待和应对，可以让家长清楚幼儿园的教育理念，了解活动的具体目标和做法，理解教师的教育行为，化解家长之间、家园之间不必要的矛盾和误会。

4. 组织形式

　　一种是座谈会，即针对孩子的不良行为，利用接孩子的时间，采用座谈会形式，对家长进行指导。另一种是个别接待，对个别幼儿近期在身体等方面出现异常情况，我们有针对性地做好个别家长的接待工作。个别接待尤其要注意语言艺术。

【案例 3-1-3】

频繁更换的接送人员

【案例描述】

乐乐的妈妈工作非常繁忙，常常没有时间来幼儿园接乐乐回家，有时候是乐乐的外婆来接，有时候是乐乐的阿姨来接，有时候又是乐乐妈妈的同事来接，接送人员较不固定。而幼儿园接送有严格的制度要求，需要乐乐妈妈每天把负责接乐乐的人员信息发送给老师，老师经核对后，才能把乐乐交给对应的人员。有一次，乐乐的妈妈亲自来幼儿园接乐乐，主动与教师谈起这件事，觉得每次换人都要跟老师报备，过于繁琐，希望可以更简便些。正好乐乐的妈妈有时间，老师请乐乐的妈妈到办公室交谈，耐心地向乐乐妈妈解释了接送管理制度，以及为什么要这样做的原因，取得了乐乐妈妈的理解，也让乐乐妈妈对幼儿园的工作更加信任了。

【案例评析】

案例中的幼儿家长对幼儿园班级中的接送管理制度提出了自己的意见，在幼儿家长提出意见后，老师耐心地与家长交谈，向幼儿家长解释了严格遵守接送管理制度的重要性，幼儿的安全永远是放在第一位的。在老师耐心解释后，幼儿家长明白了这其中的原因，且也充分意识到了问题的重要性，对于制度的遵守表示理解，看到老师对待工作认真负责的态度，也增加了相互间的信任。

三、接送交流活动的开展方法与案例分析

（1）珍惜交谈的时间，尽量语言简练，不要让长篇大论占据本就不多的面谈时间。

（2）相对入园时的紧迫，离园时的时间会更充裕，因此在不影响离园秩序的情况下，可进行深入交流。

（3）不要将交谈重心放在孩子吃得怎样、睡得怎样等日常表现上，因为老师一般会有重点地简要说明。

（4）在交谈时，家园双方要坚持在相互理解、相互信任的原则上阐述观点，不要盲目质疑或否定对方。

（5）如果交流的话题还需进一步讨论，可以预约时间确保后续的延伸交流。

（6）建议家长注意接送交流的频率，不必每天都找老师进行沟通，以免增加老师的工作量。

【案例3-1-4】

接送时的"对暗号"

【案例描述】

源源每到寒暑假都会随父母到国外生活，由于生活习惯不同，在国外的日子没有午睡，所以开学回园后，源源很难适应幼儿园的生活，不能接受午睡，一到午休时间要么不肯进寝室，要么就闹着要回家。在与他父母沟通时，老师提出了午休对源源身体发育的好处，及幼儿园的生活常规养成对孩子的影响。于是，我们和家长在接送面对面交流时达成共识，共同讨论培养源源午休习惯的计划，同时相约每天接送时对源源的午睡问题交流一下"暗号"。初期，父母负责在周末给予源源每天中午一小时在床上的时间，这段时间可以让源源选择自己喜欢做的事，老师们则在幼儿园给予源源睡前一小时在书吧安静阅读的机会，让源源每天一到午休时间，在老师的陪伴下，让他在书吧看书，做一些让身心放松的事情。慢慢地，源源有了中午要休息的意识，到了午休的时间，他不再哭闹，而是习惯地静下来看一会书，然后回到寝室里，安静地躺在床上。有了这个转变，父母开始利用周末一小时让源源躺在床上，听一下助眠的音乐，或是睡前故事；老师们则在源源回到寝室后，陪伴在他身旁，让他安静躺在床上，听听别人的呼吸声。经过一个月时间的老师和源源父母"对暗号"，源源已经能自觉午休了，无论是在家里，还是在幼儿园，他能够安静地进入睡眠，有时候是半小时，然后是一小时，甚至能睡到一个半小时……

（广西实验幼儿园 黄颖瑾）

【案例评析】

习惯的养成从来不是一天两天就能完成的事情，源源的午休习惯在父母和老师的约定下逐渐形成。在培养源源午休的过程中，老师会每天在接送交流中或者微信上向源源父母反馈源源午休的情况，父母也会在家里做一个源源午休记录。在家园的合作帮助下，源源最终养成了午休的习惯，而且逐渐变成主动午休，乐于午休。

教师要充分利用接送时间，加强与家长之间的沟通、互动，以求全面了解孩子发展的情况，在教育上取得共识，从而共商策略，协同教育。家园共育的关键在"沟通"二字，教师要重视通过多种方式与家长保持经常性的沟通。教师与家长在接送孩子时的短暂交谈，就是一种最简便、最常用的沟通方式，是家园合作便捷有效的途径。

【学以致用】

　　家长会上，一位家长埋怨道："我的孩子在幼儿园已经很长时间了。说真的，我现在对孩子在园情况很不了解。您看，孩子每天在幼儿园八个小时，晚上接回家和家长也就待上两个小时。孩子回家不太说幼儿园的情况，问老师，老师总说'挺好的'。真不知这'挺好的'到底好到什么程度，我们家长该为孩子做哪些准备？"言语之间，充满了对孩子教育的焦虑，对了解孩子在园情况的渴望，对"挺好的"的困惑。这位家长的话立刻引起了其他家长的共鸣。请结合实践谈一谈如何才能高效地发挥接送环节的沟通作用呢？

家　　访

第二课

🎓【学习目标】

(1)了解幼儿园家访工作的目的、作用和种类。

(2)掌握幼儿园家访工作的内容。

(3)掌握不同类型的家访工作的准备、过程以及注意事项。

🏅【学习领航】

　　家访是家园合作的第一步，幼儿园家访能够了解幼儿的家庭生活、家庭关系，了解家长的教育观念、意识和方法，增进彼此之间的感情，有利于教师更好地教育幼儿，教师要明确家访的主要作用是情感联络与交流，问题沟通与解决。为了达到良好的家访效果，教师要精心设计家访内容，在新生家访，教师与家长充分交流沟通，与幼儿积极互动，建立情感联系。

💻【学习支持】

　　幼儿园的家访是指幼儿园通过面对面的形式与每个家庭进行个别交流的一种重要形式。家访可以是幼儿园教师对其在园或即将入园的幼儿家庭进行的，围绕着幼儿成长教育问题的一个或多个话题而开展的、了解话题或问题产生的家庭环境背景因素的、以促进家园相互了解的、有目的、有计划的上门访问。

一、家访的目的与作用

(一)家访的目的

　　幼儿园家访最重要的目的是建立起教师、幼儿园与幼儿及其家长之间的联系，教师不是为了解决某个具体问题而进行家访，而是为了在教师、家长和幼儿之间培养亲密关系，使家园联系更加密切。

1. 了解幼儿成长的家庭环境

　　通过家访，初步了解幼儿家庭环境基本情况是好还是不好，并进一步分析原因和寻求对策。

2. 增进教师、家长、幼儿三者的关系

深入幼儿家庭开展访谈，确实在一定程度上能够达到增进教师-家长-幼儿之间情感的目的。

3. 宣传科学育儿思想与做法

通过家访，让家长了解幼儿园的办园思想，让家长认同幼儿园的办园思想，统一认识，并且也提前将幼儿园即将开展的工作告诉家长，以获得家长对幼儿园工作的支持与配合。

(二)家访的作用

1. 情感联络与交流

通过家访能够达到增进教师-家长-幼儿之间情感的目的。深入幼儿家里，与幼儿和家长进行一对一、面对面的交流，能够拉近与家长之间的关系，达到沟通和联络情感的目的。

2. 问题沟通与解决

问题沟通与解决是教师家访最常见、最重要的目的，这些问题可能是普遍问题，也可能是特殊的问题。教师家访的普通问题很多，主要有迎接新学期、与幼儿父母交换看法等。迎接新学期、做好开学准备，是很多教师家访的目的之一，通过家访去了解新生的情况，并做好开学准备是非常重要的环节，能够减轻新生入园的恐惧感和胆怯感，也能减轻家长在初入园时可能产生的紧张和不安情绪。对于老生来说，教师通过家访能够了解幼儿在家里的情况，为新学期进一步班级计划开展做准备。

(三)家访的价值

1. 家访对教师的价值

有利于教师更好地了解幼儿、家长和幼儿的家庭环境。家长是教师与幼儿家庭之间建立积极平等的伙伴关系的一种重要形式，能够帮助教师更好地了解每个幼儿及其家长的社会文化背景，了解家长和孩子之间的关系，了解家庭特色和家庭成员的兴趣，从而更好地理解幼儿的行为。

2. 有利于教师设计出更符合幼儿发展需要的活动

家访既能从家长那里获得关于幼儿学习、成长的许多信息，也能使教师对幼儿的家庭学习环境进行评估，帮助家长学习如何指导幼儿在家里的学习活动。家访能够让教师深刻认识幼儿，了解幼儿在家里的喜好，从而为教师今后设计有针对性的班级活动打下基础。

3. 家访对家长的价值

家访为家长提供了与教师自由交流的机会，使家长能够直接看到教师与幼儿的互动，感受教师对幼儿的关爱。为那些不能来园接幼儿的家长提供了与教师面对面交流的机会，能够为家长提供参与教育，观看教师与孩子交往的机会，使他们意识到教师喜欢他们的孩子。

二、家访的类型

根据家访涉及对象和访问目的，可分为普访和专访。

（1）普访即全面家访，也属于常规性家访，是对全体幼儿家庭都实施的家访活动，每学期开学初，教师对全体新入园幼儿进行一次全面家访，教师可以全面了解幼儿的个性特点、生活习惯、家庭状况等，以便有针对性地进行教育。也可以使家长进一步了解幼儿园等基本情况，增进幼儿与教师之间的感情，使幼儿在入园前对自己的老师有所了解和认识，减轻他们的入园焦虑。

（2）专访即专门家访。幼儿的专门家访可以根据幼儿的情况随时随地进行，可分为以下几种：一是根据幼儿表现，对有进步的、进步突出的幼儿，或者近期有不良行为、状态不佳的幼儿进行家访，针对幼儿的表现，及时给予鼓励或者提出合理化建议，请家长配合进行引导和教育。二是身体不佳请假的孩子，教师可以到家中看望幼儿，了解幼儿的身体状况，给予幼儿精神鼓励。三是对需要家长配合工作的幼儿进行个别家访。

三、家访的组织策略

（一）新生家访的准备工作

1. 准备新生家访计划

首先，教师要考虑好与家长交谈的话题，并制订一份计划，列出自己本次家访的目的、需要了解到的幼儿资料。

其次，对于新入园的幼儿，教师要事先了解其家庭的大致状况，如家庭成员的构成、父母的职业、学历等。

再次，家访谈话的所有内容都必须围绕需要了解的内容而展开。谈话的内容要有层次、有重点、有针对性，尽量注意不随意更改话题内容。

2. 解释新生家访的目的

在进行开学前的新生家访工作时，教师要通过电话、信函、便条等方式向家长说明教师进行新生家访的目的。

3. 联系家长协商家访的时间和地点

教师应先通过电话、群信息、家校通等方式和家长取得联系，商定家访的日期、时间、具体地点。常采用的方式有：

（1）教师可以直接给家长打电话，协商并确认合适的家访时间。

（2）给家长发短信，说明家访持续的时间（如大约半个小时），并列出几个备选日期和时间，供家长选择，几天以后再给家长打个电话，确定双方都方便的时间，并询问家庭的住址等。

4. 备齐家访时需要的物品

家访前，教师要提前准备好家访时需要用到的物品，如幼儿家庭住址的地图、幼儿家长的联系方式、幼儿所在幼儿园或所在班级的环境照片、幼儿操作的油泥或小贴纸、画纸和画笔、照相机、多于当天所访幼儿人数的图书、教师家访的记录表、给新生家长的一封信等。这些物品为家访的顺利展开提供了物质保障，满足了教师、家长和幼儿的不同需要。

（二）幼儿园新生家访的主要环节

1. 开始环节

教师穿着大方得体的衣服，按照约定的时间和地点，准时到达，这对家访是一个良好的开端。教师进入幼儿家庭时要彬彬有礼，热情地向幼儿及其家庭成员问好，并及时转换角色。适时告诉家长自己打算停留多长时间，让家长心中有数，配合教师谈论与幼儿的相关话题。尊重家长，不对家庭环境表示好奇，不对家庭生活方式进行负面判断。

2. 中间环节

(1)教师自我介绍及班级师资配备。

(2)了解孩子生活习惯、性格爱好等基本情况。

新生家访时，教师以资料为媒介，向家长传递幼儿园的信息。再向家长询问与幼儿入园前的各项资料有关的问题，了解孩子的饮食、作息、自理能力等各方面生活习惯、性格、爱好及特殊要求等。教师可借助事前准备好的"家访记录表"中的问题，与家长一边交流一边记录，并请家长填写有关幼儿入园前家庭教育的家长问卷。

将事前准备好的"致新生家长的一封信"交给家长，请家长按照信中的建议做好相应的准备，与教师一起帮助幼儿顺利度过入园关。

给家庭推荐一些入园主题的绘本如《爱上幼儿园》《我爱幼儿园》《幼儿园的一天》等，建议亲子共读，让幼儿感受到幼儿园以及老师对他的关爱，激发幼儿上幼儿园的愿望。

(3)介绍幼儿园情况

向家长介绍幼儿园常规工作，包括一日作息及各种活动的开展情况、特色课程、接送、请假等各类制度。给家庭留下幼儿园的网站、公众号信息，鼓励家长关注网站、公众号上的相关信息。

(4)从游戏入手，与幼儿交流

当家庭成员在阅读资料、填写表格时，教师友好地与幼儿互动：先把带来的油泥拿出来给幼儿玩，再把带来的纸和笔拿出来给幼儿画画，告诉幼儿上幼儿园时，要把这张画带着交给老师，教师会将画贴到班级的展示墙上，让幼儿有成就感。在游戏时教师通过观察、提问、倾听来了解幼儿的性格，并有意识地通过一些简单的问题与幼儿互动，借以了解幼儿的处事方式。

3. 结束环节

教师注意掌握访问的时间，最好在40分钟内结束家访。在离开幼儿家之前，教师要做好以下几件事：

(1)和家长交代，幼儿刚才所画、所写的东西，开学时请带到幼儿园，留作资料。

(2)征得家长同意拍一张教师与幼儿的合影照片，记录下家访过程中教师和孩子互动的精彩瞬间，日后可以贴在班级的"家长园地"或收录到幼儿的成长档案里。

(3)邀请家长在未来的日子里，积极参加幼儿园的一些活动，和幼儿分享他们的知识经验等。

(4)与幼儿友好再见，向幼儿表达想再一次见到他的期望。

(5)委婉谢绝家长以各种形式馈赠的礼品。

【案例 3-2-1】

冬冬的变化

【案例描述】

新学期开始了，冬冬小朋友也回到了幼儿园，细心的吴老师发现冬冬小朋友这学期似乎发生了一些变化。在幼儿园里，有的时候会紧紧地粘着吴老师不放，有的时候又会做出一些行为想要引起他人的注意。在大家参与集体活动时，冬冬也总是一个人游离在外，拒绝参与活动。看到冬冬的变化，吴老师决定到冬冬家进行家访，与家长沟通一下冬冬的情况。通过家访，吴老师了解到冬冬家多了一个小弟弟，原先一直在照料着她的妈妈，转而去照料弟弟了，而她则由家中其他成人负责照料，家中成人的关注大多给了小弟弟，对冬冬有些忽视。

(广西大学第二幼儿园 熊惠)

【案例评析】

在案例中，细心的吴老师发现了冬冬的变化，针对冬冬的情况进行家访，深入了解冬冬发生变化的原因是家中有二胎宝宝，而家长并未处理好二孩养育的问题，将更多的关注放在了弟弟身上，忽视了冬冬的感受。通过家访了解到真实情况后，吴老师便能够更好地理解冬冬的行为，根据冬冬的情况进行教育引导。同时，也能够与冬冬的家长进行有效的沟通交流，给予家长科学育儿的指导，帮助家长意识到这一问题，从而做出一定的调整。

四、家访的案例分析

【案例描述】

"雨 中 晴"①

一阵大雨过后，天空还飘着零星小雨，我和李老师按行程来到了东东家里进行家访。

还没到东东家，远远地就听到东东妈妈在大声地吼着东东，手里还拿着小棒，喝令

---

① 王哼. 幼儿园家园合作全攻略[M]. 福州：福建教育出版社，2018：128-131.

东东马上回家。于是，我们紧赶几步，想去了解东东妈妈发怒的原因。原来是东东从幼儿园放学回家，就迫不及待地冒着小雨去踩小水洼，那个高兴劲儿就别提了！眼前这一幕刚好被下班回家的妈妈看到，怒火中烧的妈妈拿起小棒直奔东东。"妈妈，你看，我踩出了一只小狗。"东东用嫩嫩的声音说着。"走！给我回家！看你把鞋子裤子都弄成什么样了！你自己洗啊……"东东很不情愿地被妈妈拖着往家里走，突然东东看到了我们，他眼睛一亮，大声地喊起来："老师——"

"东东好，东东发生什么事啦？"我走过去问。

这时东东妈妈也停下来，跟我们说事情的原委。听完东东妈妈的话，我再看着东东湿湿的鞋子和裤子，蹲下来对东东说："东东，你知道妈妈为什么那么着急吗？"

东东说："妈妈责怪我玩水把鞋子和裤子玩脏啦，不让我玩。"

"东东，你可能错怪你妈妈了，妈妈是最疼东东的。你想想，你的鞋子和裤子那么湿，这样很容易受凉，要是东东生病了怎么办？东东身体不舒服，妈妈会很难受的，你说对不对啊？"

听了我一番话，东东沉默了一会儿，若有所思地点了点头，然后主动拉起妈妈的手说"妈妈，我错了，我们一起回家吧。"

进了东东家，一阵寒暄过后，我们就刚刚发生的事情和东东妈妈进行交流。经过沟通之后，东东妈妈意识到自己处理问题时的不足，于是，我们决定抓住这一教育契机，陪东东一起去玩水洼，不过由于天空还时不时飘着小雨，所以我们一起换上雨衣并穿上雨鞋。

风雨中，我们一起踩呀踩啊，东东就像一只快乐的小鸟，飞翔在自由的天空中。在我们的鼓励下，东东踩出一只只活脱脱的"小狗""小猫""小羊"……我们为东东每一件作品而欢呼。

正当我们玩得高兴的时候，东东突然停下来，对我们说："老师，要是太阳出来，把水晒干，这些都不见了怎么办？"

"对啊，东东想得真周到，那怎么办呢？"我反问。

东东歪着头想了一会儿，说："我有办法了，我们用蜡笔画下来，这样水干了也没有关系。"

"真是个好办法！"我们不约而同地同意东东的主意。

于是，东东一路小跑，回家去拿了蜡笔。为了让他的创作保留得久一点，我们陪东东一起边踩边用蜡笔沿水印勾画出来。因为是在水泥地上，所以可以用蜡笔画画。不一会儿工夫，在我们的嬉笑声中，场地上画满了形态各异的动物、人物、景物。

后来，我们还一起玩"看谁编得好"游戏，给地面上的场景编起了故事，在这个过程中，东东的语言表达能力得到了最大限度的发展，情感也得到了宣泄。真是"风有情，雨有情，人更有情"。

踩水洼事件让我们明白，我们要寓教于游戏中，游戏是幼儿学习的一种有效方式，我们要和幼儿打成一片，成为幼儿的朋友，用幼儿的眼光看待事物。另外，家长是幼儿的第一任老师，我们要懂得善于捕捉教育契机，教育无处不在，教材无处不在，我们要保护幼儿的探索积极性，只有这样，幼儿的和谐发展才会成为可能。

晚上，我接到了东东妈妈的电话，东东妈妈在电话中跟我叙述了我们离开东东家后，她和东东救了一只蜷曲在草地上瑟瑟发抖、已经奄奄一息的小麻雀的事，我听到东东在边上请求着："老师，明天我可以把小麻雀带到幼儿园，和好朋友一起照顾小麻雀吗？"

我告诉东东："当然可以，小朋友们一定会很乐意的。"

第二天，东东就带着小麻雀一起来上幼儿园，整个早上东东就一直在给小伙伴们讲述着他是如何把小麻雀从死亡的边缘救活的。

在东东发现小麻雀后，和妈妈一起仔细检查，并未发现它身上有伤，初步断定小麻雀是冻坏了。于是他就把它捧在手心里，用手心的温度温暖着它并把它带回家，用毛巾轻轻擦拭小麻雀身上的水滴，还打开取暖器给小麻雀取暖，又找来一个盒子给小麻雀做了温暖的窝。

小朋友们听完东东的讲述后，纷纷对东东竖起大拇指，夸东东是个能干又有爱心的好孩子。

天气放晴后，我带上幼儿们一起到户外放飞小麻雀，看着麻雀在天空飞翔，越飞越远，幼儿们虽然舍不得，但还是很高兴，全都拍手欢呼起来："小麻雀得救了，小麻雀得救了。"

【案例评析】

《纲要》中指出："幼儿园应主动与家长配合，帮助家长创设良好的家庭教育环境，向家长宣传科学保育、教育幼儿的知识，共同担负教育幼儿的任务。"案例中的教师根据需要定期或不定期地进行家访活动，逐步走入幼儿的家庭，了解幼儿家庭教育情况，并通过家访活动改变家长的育儿理念，案例中的东东妈妈不像以前一样竭力制止东东去保护麻雀，而是和东东一起积极努力做着一切可以做的事情，通过这件事情，让家长明白爱的教育的重要性，教育中教孩子如何去"爱"，只有爱的教育才能培养幼儿的同情心，才能在别人需要的时候伸手去帮助需要帮助的人。

家访作为家园联系的重要纽带，有着极其重要的作用，幼儿园和教师要重视家访工作，根据不同幼儿的家庭，不断探索实践，做好家访工作。做好家访前的准备工作，家访中注意与家长沟通的方式，家访后做好资料整理和存档。虽然家访工作只是幼儿园工作的一小部分，但也是幼儿园工作的切入点，通过家访，能加强和家长的沟通，充分发掘、利用家长这个丰富的教育资源，进一步拓宽工作思路，努力发挥家长的主动性，密切家园关系，促进幼儿的健康成长。

【学以致用】

幼儿园小班刚入园的千千小朋友，初入园时爸爸妈妈、爷爷奶奶全程护送，对孩子在园的生活极其不放心，把孩子的生活习惯对老师讲了又讲，吃饭怎样，睡觉怎样，有哪些东西不能吃，这些情况在每天来园时都要反复交代，对孩子在幼儿园的生活极其不放心，老师想到千千家做一次家访。请你思考：该如何针对千千的情况进行家访。

第三课

家园联系册

🎓【学习目标】

（1）了解家园联系册的意义。

（2）掌握家园联系册的撰写策略。

🎖【学习领航】

建立家园联系册的目的是及时向家长反映幼儿在园表现，满足家长的需求，家园配合以便更好地教育幼儿。家园联系册是供家长和教师共同使用的记录幼儿发展、沟通家园教育信息的实用手册。它既可反映幼儿的成长轨迹，又有利于家长和教师围绕幼儿的发展沟通信息，促进家园教育资源的整合与良性互动，为幼儿的健康发展创设更为和谐的教育环境。

🖥【学习支持】

一、家园联系册的作用

家庭是幼儿园重要的合作伙伴，幼儿的全面和谐发展，需要幼儿园和家庭的相互合作和共同努力，充分体现了幼儿园和家庭合作和共同努力，充分体现了新的教育理念，承认和关注幼儿的个体差异，避免用划一的标准评价不同的幼儿，注重以发展的眼光看待幼儿。

家园联系册是根据不同年龄阶段幼儿的心理、生理特点来编写，及时向家长反映幼儿在园表现，是幼儿园和家庭联系的桥梁之一，是教师和家长交流幼儿发展状况的一种载体，也是系统记录幼儿成长过程的一种形式。其内容不仅反映各年龄班幼儿在日常生活、学习和游戏活动中的表现，而且全面反映每个孩子的个性特特点和发展状况，满足家长的需求，加强家园配合以便更好的教育幼儿。

二、家园联系册的撰写策略

(一)撰写内容要体现针对性

家园联系册是就某一个幼儿的教育问题与家长进行交流。班级家长的文化水平、工作性质等各不相同,他们对孩子教育的关注度、关注的角度也各不相同。因此,我们在撰写家园联系册时,要有针对性。如有的家庭经济条件比较好,父母文化素养比较高,对孩子的期望也比较高。对这样的家庭,教师要准确地反映孩子的长处和不足,多以探讨的语言与家长全面、客观地分析孩子的身心发展情况。有的家长文化水平比较低,只关心孩子知识内容的掌握,平时与教师的交流就少,对这样的家庭,教师在写家园联系册时文字要通俗,语气要亲切、自然。

(二)教师要掌握交流的艺术

针对不同类型的家庭以及具有不同职业和文化程度的家长,教师要掌握交流的艺术。

1. 抓住从每个孩子的特点,从细微处体现出老师的细心

家园联系册是就某一个孩子的教育问题与家长进行交流,孩子各不相同,因此教育的评语不能千篇一律,因人而异,教师必须抓住每个孩子的个性特点,用具体、精炼的词语描述下来。即使是淘气的孩子也要努力寻找他的闪光点,要充满热情地唤起家长对孩子的教育意识和对生活的信心:孩子就是未来,孩子就是希望。

【案例3-3-1】

不同的老师的点评

【案例描述】

花花家长,您好!

春天是孩子身体快速发育的时期,为了更好地促进孩子的生长发育,我们加强了户外锻炼。前几天,花花在运动会的单脚跳的项目中还是我们班的第二名呢。您看她多棒呀!

最近,我们班开展了"春天的变化"和"小问号"的观察活动,目的是培养幼儿的观察力和对事物的探索能力。您在日常生活中可有意识地引导她去观察周围环境的变化,如动物、植物以及人们的变化，帮助她丰富感性知识经验，从而引起积极的思维活动。谢谢您的合作！

小一班草莓教师

【案例评析】

案例中的花花小朋友是个温柔可爱、性格内向的小姑娘。由于性格原因，孩子适应幼儿园集体生活有些慢，从小班时就爱哭，现在已经升入大班了，遇到点困难仍免不了哭，对此家长几乎失去了信心。老师深深理解家长的心情，在与家长的交流中，抓住点滴进步，及时汇报给家长，"孩子在单脚跳的项目中还是我们班的第二名呢"，言外之意是"您不要以为她什么都不行"，接下来的一句"您看她多棒呀"，说得非常精彩。老师是在以由衷的赞美唤起家长对孩子的信心。短短两句话，可以使家长从中感受到老师对孩子的关注和深深的爱，以此做基础，家长与教师还有什么不能够沟通的呢？

2. 体现交流语言的艺术性

在撰写家园练习册幼儿发展情况时，要改变以告状为主的交流，采用欲抑先扬的方式，在充分肯定孩子优点的基础上再提建议，这样才更容易让家长接受。撰写时以表扬为主，但是不良行为习惯也不能姑息迁就，必须让孩子知道自己还有很多方面应该努力。因此，写孩子缺点时不宜太露骨、太直白，要使用委婉、流畅、亲切的语言，这样的内容才能吸引人，使人过目不忘。

3. 积累每周写的内容

如果把平常观察的结果及时地记录在笔记本上，或者直接记录在联系手册上，到周末的时候就好写多了。写幼儿说过的某句话，或他遇到的什么小问题，又是怎么解决的。

【案例 3-3-2】

个性化评语的日常积累

【案例描述】

评语1：丹丹有天早上送给我一只纸折的小鸟，老师真开心，谢谢你的礼物！

评语2：星期一的时候，另一位小朋友抢了丹丹的玩具，别人向他道歉以后，丹丹大方地说："对不起。"丹丹真是个有礼貌的好孩子！

评语3：丹丹昨天和另一位小朋友一起完成了"过河"的游戏，跑得又快又好，丹丹你真棒！

【案例评析】

教师针对幼儿的持续观察记录和个性化反馈，会让家长感受到教师的爱心、细心和用心，这是家园沟通和家园共育的良好基础。

4. 有的放矢，找家长感兴趣的话来说

对于比较挑剔的家长，交流一定要诚恳，以消除家长对老师的偏见，使他们感受到老师真诚的心意，不要居高临下，使家长有老师在说教的感觉，以平常心来对待，以宽厚的胸怀来接受不同的意见，以积极的态度和方法来改变。

【案例3-3-3】

"有的放矢"的评语

【案例描述】

教师的评价：苗苗最近在吃饭方面有了明显的进步，值得表扬！小丫头开始能接受一些蔬菜了，如"白菜(酸的)"，还有粉丝、鸡蛋、豆腐等，但吃的量还不是很多，慢慢来吧。相信宝贝最终会喜欢上吃蔬菜的。同时也希望家长能够配合，谢谢。

该幼儿家长回应：老师真的是辛苦了，苗苗吃饭困难不是一天两天了，在家我们试过很多办法均以失败告终。在幼儿园里，苗苗不吃水果，赵老师给她弄成汁，谭老师给她切成片。中午不吃饭，越老师用面包逗她一口面包一口饭地开"小灶"。班上有那么多孩子呢，但是只要苗苗不吃饭，老师就会专门喂她。入园之前我的担心全没了，老师真的比我这个妈妈还细心。苗苗这么快就开始吃蔬菜、水果，是给我这妈妈的一个大惊喜，谢谢老师！

教师的评价：苗苗在课堂上表现不错，能够主动回答问题，但在听音方面，苗苗有些骄傲啦，听音不是很认真，经常走神，希望改正！你是最棒的！苗苗现在能够吃些水果，我们也很开心！希望苗苗能够吃更多的水果和蔬菜。身体棒棒的！在喝水方面小姑娘动作有些慢，需要老师提醒，希望家长在家能多提醒孩子做事情要有效率。

该幼儿家长回应：苗苗现在总要自己穿鞋袜，自己的事情自己做。我还总嫌她慢，不爱让她做呢。看来要多加锻炼了。

【案例评析】

　　家园联系册是针对孩子个性成长的持续性记录，有利于让家园针对孩子的个性化问题持续关注、有的放矢。家园联系册的点滴是构成孩子成长档案袋的重要"元素"，也是家园沟通和家园共育的良好基础。

　　总之，教师应认真撰写家园联系册中对幼儿进行评价的内容，这项工作对家园共同促进幼儿发展具有诊断、导向、改进及激励等重要作用。家园联系册就是家长和老师沟通好帮手，是我们树立教师形象，获得家长信任的最直接有效的工具，能够让我们的家园沟通工作更具实效，我们应该好好地利用这一渠道。

【学以致用】

　　结合你在幼儿园的实践，以某一位幼儿的问题，尝试撰写家园联系册反馈该幼儿发展情况。

利用信息技术的合作共育"云模式"

【情境导入】

　　家园共育的方式多种多样。集体性的家园共育包括家长会、家长园地、家长开放活动、家庭教育讲座、论坛会、家长学校、亲子游戏等。而个别性的家园共育包括家访、家园联系册、接送时的交流等，可以说在接送环节面对面的交流是家园共育最主要的方式。然而，由于新冠肺炎疫情的影响，家长不能进入幼儿园，面对面的沟通已经不再适用于这一特殊的情况。家长会、亲子活动、家长开放日、家访等人群聚集的活动，更是难以正常开展，导致教师与家长之间的信息交换不流畅，也导致家园之间信息互动的缺失，阻碍双方之间建立相互信任、相互理解的合作关系。

　　2019 年国务院颁发的《加快推进教育现代化实施方案 (2018—2022 年)》明确提出要构建"互联网+教育"支撑服务平台。在这样的大背景下，如何依托互联网，开展家园共育已经成为了老师们不得不面对的考验。

【单元聚焦】

　　互联网背景下的家园共育、QQ 形式的家园共育、微信形式的家园共育、网页形式的家园共育、微信公众号的使用。

"云"展示分享式家园、社区共育

【学习目标】

　　了解"云"展示分享式家园、社区共育的意义；
　　掌握"云"展示分享式家园、社区共育的策略。

【学习领航】

　　新冠肺炎疫情的影响，家长不能进入幼儿园，家园面对面的沟通无法进行。幼儿园教师们开始在网络上与家长进行家园共育，微信公众号、各种教学 App 的使用应运而生。但是，不管是微信公众号，还是教学 App 的使用，更多的是向家长展示幼儿园的各类活动。家园之间的双向沟通，家庭教育的指导得不到保障，家园共育面临了前所未有的困境。

【学习支持】

一、展示分享式家园、社区共育的实施

　　"云"展示分享式家园、社区共育的实施，可以通过多种形式进行，如公众号、各类 App 及网页的使用等。微信是大家所熟悉的，而公众号则是微信系统的重要组成部分。微信公众号可以群发，可以创设不同的模块内容。因此，教师们可以利用公众号开辟新的家园沟通新途径，做好家庭教育指导的宣传。幼儿园可以利用微信公众号推送幼儿园活动情况；推送科学家庭教育指导策略；推送幼教前沿资讯等。让家长线上了解幼儿园的教育教学，增加家园间双向互动与沟通，指导家长开展家庭教育。当然，每个班的教师是公众号、订阅号内容的提供者和撰写人，微信公众号的使用，需要班级教师及时对公众号内容进行更新。

　　疫情背景下各种 App 成为教师与家长进行交流、合作的重要媒介。目前可以利用进行家园共育的 App 种类多样，不管使用哪种 App，操作简单应该是首选。另外，App 的使用，应该如同微信公众号一样，不应仅仅是向家长展示各类信息，而是能真正起到家

园互动的作用，从而成为幼儿教育的交流平台。

此外，目前人们的生活中，网页浏览已经是不可或缺的一部分。网页可以被浏览器翻译成为可以显示出来的集文本、超链接、图片、声音、动画等信息元素为一体的页面文件。而浏览器作为智能手机上一款必备的应用程序，一站式帮我们解决了几乎所有的上网需求。由于网页的强大功能，幼儿园也越来越关注依托网页形式开展家园共育工作。

二、展示分享式家园、社区共育的案例分析

【案例 4-1-1】

不断完善的班级公众号

【案例描述】

1. 顺应需求，班级公众号的诞生

根据疫情防控要求，家长们不能进入幼儿园，家长会、家长学校等活动也无法开展。而班级 QQ 群及微信群所发布的信息往往因为家长们的回复而容易被覆盖，导致很多家长错过班级信息。经过商量，中一班李老师在平台注册了班级的微信公众号。三个老师轮流管理，定期推送各种育儿文章。如"幼儿园夏季保健告家长书：健康相伴，安全入夏""如何培养幼儿良好的阅读习惯""让孩子赢在转折点"等。

公众号运作后，家长们都很感兴趣，经常上公众号，阅读教师推送的文章，了解如何教育幼儿。但是，随着时间的推移，家长们的反馈越来越多。教师发现了公众号管理存在的问题：内容单调，清一色为推送的育儿文章。

2. 增添栏目，丰富公众号的内容

在家长反馈的基础上，中一班的老师们增设了公众号的栏目，分别为"家长学校""班级的课程故事""班级的一日动态""幼儿活动视频"等几个栏目。原有的育儿文章归入家长学校栏目。班级课程栏目则是发布班级在课程实施过程中的典型案例，让家长了解到班级课程实施动态。例如，有一天，老师们带着孩子们在户外活动回去的路上，一群男孩子蹲在下水道旁边不走了，老师走过去问："怎么不走了？"男孩子们叽叽喳喳说道："我们想看看下面有没有怪兽。"于是，老师提供了手电筒，请保安叔叔帮孩子们搬开下水道上的一块板子，让孩子们观察。发现这只是下水道，没有怪兽。老师抛出新问题："为什么会有下水道？下水道会通向哪里？"问题抛出后，引起了班级孩子们的兴

趣，于是老师带领孩子们开展了对下水道的研究。课程实施过程中，教师把实施动态发布在班级的课程故事栏目中，家长们随着课程的开展，不仅了解了幼儿园课程的实施，理解了"一日活动皆课程"的理念。班级的一日动态栏目主要展示了班级一日活动安排，而幼儿活动视频则是最受家长欢迎的栏目，展示了教师拍摄的孩子们的活动照片。同时，班级定期转发专业的家庭教育讲座直播，其中包括"中班幼儿良好习惯养成""如何科学做好家庭里的幼小衔接""幼儿在家和在幼儿园两个样"等话题，全面覆盖各年龄段幼儿家长的育儿需求。

班级通过公众号，以三天一次的频率推送专栏稿件。这些栏目的增加，帮助家长了解园所课程动态、把握幼儿学习经历、知晓幼儿日常活动、更新育儿理念等。

虽然栏目增加，但不久又出现了新的问题：家长们可以看到各类班级动态，包括课程实施，但是缺乏家长和老师的双向互动。可以说，家长们只是被动地接受教师们的展示，无法体现家长的参与性。

3. 增加问卷调查，了解家长需求

在微信公众号中，家长可以在后台留言、评论，但是还无法有针对性地帮助家长解决问题。于是，教师们以问卷星的方式，在公众号中推送文件，通过问卷调查，让家长发表个人观点与困惑，方便班级在及时了解家长需求的基础上，有针对性地开展家园互动。

随着家园共育活动的开展，新的问题又出现了。问卷调查虽然能帮助教师了解家长的需求，有针对性地推送相关资讯，但还是不能保障家长和老师之间的线上互动。家园共育更多的还是幼儿园与家庭的单向互动，而不是双向互动。

4. 增设家长参与教育活动栏目，提高公众号的家园互动性

为满足家长参与的要求，也突出家园的双向互动，在公众号增设了"家长参与活动"的栏目。如班级课程"螃蟹"组织过程中，幼儿在家长的协同下，利用绘画、胶泥、纸盒、积塑、火柴等进行创意展示螃蟹。教师请家长将自己孩子的作品发表"家长参与活动"栏目，进行班级投票活动，票数最高的孩子可以获得"创意之星"的称号。通过这些活动，可以充分发展幼儿的动手潜力，同时能够提高家长的育儿观念，让孩子在充满亲情、充满爱的环境下茁壮成长。

【案例评析】

1. 微信公众号的栏目增加，使得公众号变成了家庭教育的交流平台

家长之所以不放心，是因为他们急切地想了解幼儿园的表现。一开始，班级公众号定期向家长推送各类育儿文章，旨在通过文章的推送，改变家长的育儿观，指导家庭

教育。

虽然一开始得到了家长的肯定，但是，管理公众号的教师没有从家长角度出发思考问题，即反思家长最关心的是什么？无非是孩子在自己看不见的地方是如何学习与生活的。发现问题后，教师随即增加栏目内容，除了原有的"家长学校"栏目外，增设了"班级的课程故事""班级的一日动态""幼儿活动视频"。这些栏目的增设，满足了家长对孩子在园学习与生活关注的需求。

2. 后期的栏目调整，使得家园共育从单向联系走向双向联系

家园共育，不应是教师向家长传递信息，更应该强调双方的双向互动。案例中，班级微信公众号栏目虽多，但家长只能看，而不能参与，也无法与教师互动。意识到该问题后，教师增设了问卷调查栏目，家长可以通过问卷调查反馈家长的需求。然后，这样的参与度还是不足，无法满足家长双向联系的需求。因此，教师在公众号增设了"家长参与活动"栏目，让家长能真正参与。

3. 微信公众号的特设栏目，让家长理解认可幼儿园教育教学活动

我们经常发现，新生入园时，家长们在离园环节，喜欢问幼儿："今天吃饭了吗?""在幼儿园喝水了吗?""和小朋友玩游戏了吗?"而当幼儿已经适应幼儿园后，家长们的问题往往变成"今天学了什么"。家长们关注的是识字教育、幼儿做计算题的能力，他们往往把这些等同于课程内容。这样的狭隘认识直接阻碍着家园共育的效果。在上述案例中，教师通过"班级的课程故事"之一栏目，让家长明白幼儿在园是如何学习的，他们学到什么？教师对幼儿园课程的认同，往往能让家园共育工作达到事半功倍的效果。

【案例 4-1-2】

便捷的人人通空间 App

【案例描述】

疫情背景下，该使用哪一类 App 辅助家园共育？中一班的老师比较了各类 App 的功能后，选择了人人通空间 App。该 App 通过手机将资源一键发送家长、一键分享给同事；能通过 App 发布任务，幼儿及家长可以通过拍照、录音等方式完成任务上传；家长可轻松查看幼儿作品和老师点评。

考虑到家园互动的需要，App 共涉及五个栏目，即"班级动态""班级讨论""习惯养成""我是哥哥姐姐"及"教育资源"。家长与教师间的思想碰撞主要体现在"班级讨论"专栏，如讨论"如何培养幼儿的生活自理能力""如何培养幼儿的任务意识与责任意识"等话题，教师及家长各抒己见，畅所欲言，互相分享着自己的教育经验，同时也能汲取

别人的教育经验。最后，教师在栏目中推送了相关的教育知识，帮助家长梳理有用的教育经验。

"我是哥哥姐姐"栏目主要是引导幼儿了解自己长大了能做哪些力所能及的事情。因此，教师定期在栏目中发布幼儿可以完成的任务。如，到小班教弟弟妹妹们漱口、洗手，入园环节到小班安抚哭闹的弟弟妹妹等任务。引导幼儿感受长大的自豪感，知道自己长大了，能为他人做力所能及的事情。

在"习惯养成"板块上，班级根据幼儿的最近发展情况进行家庭学习打卡活动，如的"21天阅读打卡"及"每日身体锻炼打卡"活动。请家长每天抽出时间给幼儿讲讲故事，陪他们看图书，并在App上打卡。同时，也请家长每天陪孩子运动，包括跑步、打球等，并坚持在App上打卡。可以说，幼儿的任何习惯都是在后天养成的，良好的习惯能让幼儿受益终身，而好习惯的养成则需要持之以恒的培养，而"习惯养成"这一版块的确能较好地促进幼儿良好习惯的养成。

而在"教育资源"板块中，教师上传各类教育资源，如洗手歌、七部洗手法图片、班级新授的诗歌故事等，用图文并茂的形式呈现各类教育资源。

【案例评析】

1. App的使用，拉近了教师与家长间的距离

教师与家长间距离的拉近，增进了家园间的情感交流，直接提升了家园共育的质量。在上述案例中，正是通过"班级讨论"版块，让家长参与班级管理，这种交流方式拉近了家长与家长的距离，也拉近了让家长与教师的距离，调动了家长参与幼儿园教育的热情，直接影响着家园共育的效果。

2. App板块内容丰富，促进家园间的互动及相互影响

上述案例中，App共设"班级动态""班级讨论""习惯养成""我是哥哥姐姐"及"教育资源"五个板块。"班级动态"主要是向家长展示了班级的各类活动信息，而"班级讨论"板块关注的是家长的参与，家长与家长、家长与教师间的互动。转变家长的教育观，提高家长指导家庭教育的能力则是通过"习惯养成""我是哥哥姐姐"及"教育资源"板块加以实现。可见，教师在使用App时，考虑到了家园共育的特点。

3. 建议简化App操作说明，帮助家长正确使用App

对家长们来说，这一App是个陌生的东西。不仅要注册，还要入群、打卡与上传等，这些操作直接吓退了部分家长。而部分好学的家长会一直不断向教师提问，让教师难以招架。因此，在App使用前，教师应该帮助家长通过直观的方式了解App的使用方法。如，老师可以用自己的手机安装及使用App，全程采用手机录制的方式，包含每

一个步骤，发到家长群里，让家长观看学习。

【案例4-1-3】

腾讯会议App——家长会的新形式

【案例描述】

1. 新形势家长会——腾讯会议App

又是开学季，因为疫情影响，人群聚集的活动均被取消，该如何召开家长会也成为需要重新思考的问题。为此，大一班老师采用了较为常见的App——腾讯会议App。

会议开始前，教师通过录制腾讯会议App安装及使用视频，发布在班级QQ群，让家长了解这一App。然后，教师提前建好在线会议室，设定好会议号，和家长预约好时间，通过线上形式召开远程家长会。通过线上会议，家长们畅所欲言，发表自己的想法，有效解决了家长们没时间来园参会的问题。

但是，新问题也随之出现，这样的集体形势家长会，教师往往通过照片、视频、文字记录等分享幼儿在园的一日生活，帮助家长了解幼儿在园的部分场景，以解决共性的班级问题为主，很难做到一对一的个别性沟通。因此，教师们在集体性的线上家长会后，根据班级幼儿情况，安排一对一的个性家长会。

2. 一对一预约，个性化的线上家长会

班级教师发现问题后，先在班级微信群或QQ群中邀请家长根据自己的时间与规划报名参加"一对一家长会"。然后，利用腾讯会议App，召开一对一的线上家长会。

通过制订个性化支持规划，教师不仅对班级幼儿的个性特征、身心发展需求等有了更加清晰的认识与了解，也能从中了解家长对于幼儿发展的期许以及家长的教育理念等信息。"一对一家长会"确保了家长与教师之间的沟通时间、沟通质量，家长与教师容易达成理念与行动上的一致，共同为幼儿发展制订支持策略，并付诸实践。

【案例评析】

1. 腾讯会议App的功能强大，能满足家园共育需求

腾讯会议是腾讯云旗下的一款音视频会议软件，于2019年12月底上线。具有300人在线会议、全平台一键接入、音视频智能降噪、美颜、背景虚化、锁定会议、屏幕水印等功能。该软件提供实时共享屏幕、支持在线文档协作，支持设置联席主持人，一键管理成员音视频权限、协作权限，维持会场秩序。可谓是功能强大，且操作简单。

2. 腾讯会议App创设互动平台，提升家园共育质量

腾讯会议App也支持在线投票，家长们有问题，可以直接在对话框进行互动，或者

也可以直接开通本机的麦克风及视频，进行沟通，可谓是打造多互动协作空间。家园共育的开展，家长与家长的互动，家长与老师的互动，能让沟通更及时，保障沟通的质量。

【案例4-1-4】

不断完善的网站建设，推动家园共育的深入开展

【案例描述】

1. 幼儿园网站的创建

幼儿园网站创建后，考虑到宣传工作的需要，在网站上开设了幼儿园资讯、园所特色活动、教师风采、安全教育及家庭教育栏目。定期更新幼儿园资讯栏目，把幼儿的最新动态向家长们发布。在网站中，家长可以直接在所浏览的内容下发表评论，让幼儿园及时掌握家长的需求。让家长了解园所的工作安排、教师群体及优秀的育儿经验。如，幼儿园注重幼儿生活技能技巧的学习，宣传普及"去小学化"的内容。但是不少家长对于幼儿园重视培养幼儿自理能力、交往能力而不开设写字、算数等活动不理解，甚至有家长认为这是在耽搁孩子的发展，要求让孩子学习书写、算数，提前学习拼音等小学知识。教师了解这种情况后，在"家庭教育"栏目转载相关的专业文章及视频讲座等，通过教育理念的传播、专家引领等形式，让家长真正认识幼小衔接，了解"小学化"的危害。

网站运作一段时间后，幼儿园通过问卷调查的方式了解家长的满意度及反馈。在调查中发现，家长们登录幼儿园网站的积极性并不是太高，究其原因，主要是家长更希望看到班级孩子们的具体表现情况。基于此，幼儿园在网站中增设了新栏目。

2. 每个班级栏目的增设

看到家长们的反馈，幼儿园还增设了班级网站，每个班班级网站中设有"班级活动预报""班级通知栏""班级相册栏目""幼儿风采""绘本推荐""班级活动展示"等栏目。在班级相册栏目里上传幼儿活动的照片，让家长及时了解幼儿在班级的动态；在幼儿风采栏目，展示幼儿的特长及进步，让家长随时发现幼儿的点滴进步；而绘本推荐栏目则是向家长推荐绘本，解读如何指导幼儿绘本阅读等。

"班级活动展示"也是受到家长欢迎的栏目之一。教师把班级日常开展的活动，通过照片、视频、文字等形式及时更新、展示，让家长了解活动的目的、过程和结果。通过结合日常教学内容的宣传，家长渐渐发现家庭教育与幼儿园教育的差异，理解老师开展活动的初衷，有了家长的理解，家园共育达到了事半功倍的效果。

这次栏目的增设，让家长能随时掌握班级动态，更让家长随时能关注到自己孩子的

动态。如此一来，班级网站的浏览率明显提高。

然后，时间久了之后，新的问题又出现了，依托网站开展的家园共育，虽然家长能在网站中获得自己感兴趣的资讯，但网站还是无法保障家园间的互动，尤其是无法满足家长参与管理的需求。

3. 家长参与平台的建构

考虑到家长的参与性，班级教师在班级各个栏目中，加入家长参与的设计。如，在"班级活动展示"栏目中，增加了家长参与活动的设计。如，中班体育游戏"老狼老狼几点钟"，教师在活动栏目中展示了孩子们游戏的开展。由于孩子们对这个游戏已经玩得比较多了，对幼儿的新鲜感已经不再。班级教师在栏目中介绍了这一情况。在家长留言区，有些家长认为可以撤掉这个游戏，而也有些家长认为应该引导孩子们创新游戏玩法。于是，教师通过网络平台和家长一起讨论如何引导幼儿创新游戏玩法。经过家园双方的沟通，大家均认为，游戏中幼儿听到老狼说"天黑了"的时候就可以去抓小动物们，那么，也就可以鼓励幼儿自行商量老狼能抓小动物"指令"的创新。

第二天，教师在户外活动时，按照这一建议选择了放手，让幼儿自行讨论如何改变规则。结果出乎大家的意料，孩子们的表现让家长和老师均大感意外。第一次，幼儿商量的结果是，当老狼举起绿色的棋子时，可以去抓小动物。第二次游戏则是老狼仰头大叫时，才能去抓小动物……教师把孩子们的表现放在"班级活动展示"栏目，让家长们了解到成人干预的结果。

又如，在"幼儿风采"栏目，在"螃蟹"主题教学活动中，开展了美术活动"螃蟹"。老师收集幼儿的作品进行电子扫描，将作品上传到"幼儿风采"栏目进行滚动播放，邀请大家欣赏，评出最喜欢的作品。很多家长纷纷参与活动并留言："这个螃蟹真威武！""这个小朋友涂色真均匀！""每个孩子的螃蟹都和别人不一样"。经过家长的欣赏和点评环节后，请家长们为自己最喜欢的作品投票。通过这一活动，家长对于孩子在美术方面的指导更加明确，采取的策略更加有效。

【案例评析】

1. 网站栏目的改变，体现了家园共育工作的特征

在上述案例中，从幼儿园网站的更新，栏目的不断增添，可以看到家长工作从单纯向家长展示幼儿园信息—展示幼儿信息—关注家园间双向互动—搭建家长参与班级管理平台的变化。看得出，在家园共育的过程中，家园共育从单向联系走向了双向联系，突出了家长和老师之间的交流与沟通。此外，案例中家长参与班级管理平台的搭建，也是网站受到家长欢迎的原因之一。如，家园合作推动游戏的创新；邀请家长欣赏、点评幼儿作品，给作品投票等。这些安排都能满足家长参与班级管理的需要，同时，在参与的

过程中，转变家长的看法，提升家长家庭教育指导的能力。

2. 对网站的及时更新，也是网上家园共育成功的基础

在上述案例中，通过网页形式开展家长工作之所以成功，也归功于教师及时更新网页内容。教师不仅定期更新网站上的推文，同时也结合班级教学活动的开展，同步上传活动过程的资料，让家长了解活动的目的、内容、实施及结果。即使是班级相册栏目，也需要教师及时拍摄并上传。可见，要利用网页开展家长工作，需要教师付出极大的时间和精力更新网页内容。

当然，在上述案例中，主要以班级网站的形式开展家园共育，没有体现出教师个人的个性化需求。因此，建议，考虑在建立班级网站的同时，也可以鼓励教师们创设教师个人空间。

3. 建议辅以教师个人网络空间，提升网络家园共育的效果

每个教师都有着自己的教育手段和教育方式，创设教师个人网络空间，能让家长了解教师的教学方法，使家庭教育和学校教育达成一致。教师在个人网络空间中发布公开课视频、微课、课件、好书推荐、学前教育理念宣传，可以形成富有特色的教学空间，不断丰富并完善教学资源，提升教育资源的有效性。每个栏目都有评论功能，家长可以跟帖回复，发表看法，提出困惑，与教师进行互动探讨。

新冠肺炎疫情背景下，教师们纷纷尝试依托公众号、App 及网页形式开展家园共育。每种形式的尝试，都有其自身的特点。我们很难说哪种形式效果最佳，教师们可以依据班级的实际情况，有选择或综合地使用。总之，不仅是向家长展示幼儿在园的基本情况，更多的是搭建家长参与班级管理的平台。

🛒【学以致用】

1. 新学期又开始了，新冠肺炎疫情期间该如何开展家长工作？请你使用微信公众号为主，任意一款 App 为辅开展家长工作，并规划对它们的使用。

2. 大班家长面临着幼小衔接的焦虑，请你以 QQ、微信为主，辅以其他形式，综合性地开展家园共育，帮助家长准确看待幼小衔接。请设计班级家园共育的活动方案。

"云"实时互动式家园、社区共育

【学习目标】

(1)了解"云"实时互动式家园、社区共育的意义。

(2)掌握"云"实时互动式家园、社区共育的策略。

【学习领航】

微信、QQ 及钉钉是人们日常的常用社交软件，被人们所熟知。这三款软件各有特点，微信使用简单，但是文件传输不太方便，不便于传输大容量文件。QQ 是 PC 时代的即时通讯之王，手机 QQ 是 PC 版 QQ 在移动互联网的衍生产物，功能基本上也是从 PC 上移植过来。现在腾讯也推出办公版 QQ，叫做 TIM，简化 QQ，注重"轻"功能。QQ 在文件传输及保存方面均较为方便。而钉钉是一款针对上班族开发的软件，钉钉保管的信息非常安全，和用户们的需求息息相关，可以智能办公。钉钉之所以备受上班族的喜欢，就是因为它为工作带来了很多便利，它的这些优点，正是微信所欠缺的。

那么，是单一使用某一软件，还是综合使用这三款软件开展家园共育工作，才能真正实现家园共育的目标？

【学习支持】

一、实时互动式家园、社区共育的实施

实时互动式共育主要体现在幼儿园与家长之间的双向互动上，在日常家园共育过程中，教师们往往依托微信、QQ 及钉钉等形式进行。微信可以通过文字、语音、图片等方式进行交流，在微信上，文字、语音及视频交流是常用的交流方式。微信群里可以使用很多小程序功能，同样，这些小程序可以让班级的管理和互动变得更加便捷，如在线数据可以收集每一位成员的想法和需求，而小打卡可以让群内的老师和其他家长互相关注打卡情况，为共同促进幼儿养成某种习惯而努力。但是，微信成员必须加对方为好友

才能实现小窗对话，且无法保存班级文件、幼儿园活动照片。微信群成员也可以通过自己朋友圈的展示，不仅仅可以和好友一起分享生活状态，也可以和好友一起分享各类信息，包括家庭教育资讯，这一功能也有利于家园沟通的开展。

QQ 以文字和图片表情交流为主，语音视频相对运用比较少。QQ 群里的群设置功能也更完善，可以不用加对方为好友就能实现小窗口对话，不容易暴露自己的生活状态。同时，如同微信一样，QQ 也具备了较多的功能。如，QQ 群也具有在线文档编辑和收集表、投票等功能，可以让每一位家长参与班级管理事务。如，班级庆"六·一"活动前期，教师可以通过在线文档的方式或投票方式，收集家长们对班级"六·一"庆祝活动的想法。又如，幼儿返园时健康码及行程码的收集等，都可以通过 QQ 小程序的功能来实现。这样的群在线操作过程，既尊重了全体家长的意见，让表达变得更加多元化，又便于组织者快速得到结果，发挥家长管理班级事务的能动性。

QQ 群里也有打卡功能，但是，QQ 的打卡功能没有微信群里的小打卡程序方便、实用和利于互动。QQ 群里有"作业"、群课堂等功能，虽然幼儿园没有"作业"任务，但教师可以用此功能来进行家园间的幼儿在家情况互动交流。如，幼儿在家给父母讲故事，家长可以给幼儿录音，发布到"作业"板块，有利于幼儿大胆地表现与表达，也有利于教师了解幼儿在家情况。

钉钉是阿里巴巴集团打造的企业级智能移动办公平台，是数字经济时代的企业组织协同办公和应用开发平台。钉钉的使用也非常便捷，首先，钉钉的使用，可以让家长随时看到教师发布的信息，不存在由于群里信息量大而导致家长错过信息的现象。教师使用钉钉，可以通过语音或者文字以电话或者短信的方式发送给家长，同时可以发送附件，发送后家长会收到提醒。实现消息必达，并且在电脑端、手机端、云端信息都是同步的。其次，钉钉的功能也比较强大，钉钉有管理日志、签到、审批、钉钉电话等功能。如，在突发情况下，通过钉钉电话可以一对一，或者一对多在班级群里开通电话会议，在一对一信息通知未收到并回复，又情况紧急的时候可以拨打电话会议，家长会即时收到。此外，钉钉的视频和群聊功能，也改革了家长会的模式。在钉钉上可以通过视频方式召开家长会，若有家长缺席，可以通过回播功能，了解家长会的内容。也有教师使用钉钉 App 进行直播或者录播的方式进行集体活动，并发布活动延伸的打卡行动。比如自编故事打卡，家长可以在钉钉群里发送幼儿参与活动的视频以及幼儿的作品，促进家园间的合作，达到事半功倍的效果。

QQ、微信及钉钉，在使用的过程中有着各自的优点及不足。教师在考虑家长需要、家园共育特点及自身情况的基础上，可以综合性地利用，取长补短，提升新冠肺炎疫情背景下家园共育的质量。

二、实时互动式家园、社区共育的案例分析

【案例 4-2-1】

班级微信的充分使用

【案例描述】

1. 班级微信群的建立

新冠肺炎疫情期间，小一班本来想利用 QQ 群开展家长工作。但是，在调查的过程中，发现家长们微信的利用率高于 QQ，他们会第一时间留意到微信群上的内容，还有部分家长不太习惯使用 QQ 软件。因此，小一班主要依靠微信开展家园共育。班级要订园服，教师使用微信投票功能让家长们参与班级园服款式的决定，根据家长们的大多数意见，选择园服的款式。利用在线文档，收集孩子们园服的尺寸。虽然微信功能也较为强大，但教师发布的幼儿活动照片很容易丢失。为解决这一问题，教师们对微信的使用进行了改变。

2. 以教师朋友圈弥补幼儿活动照片容易丢失的问题

由于发布在微信群的幼儿活动照片容易丢失，反复尝试后，班级三位教师决定通过教师微信朋友圈解决这一问题。班级三位教师每天轮流通过朋友圈发布班级孩子们的活动照片，也在朋友圈发布班级活动最新状态，家长们不仅可以在教师微信朋友圈下载幼儿活动照片，也可以通过此途径了解班级每日活动焦点。

3. 通过微信订阅号渗透幼儿教育理念

由于无法面对面沟通，很难向家长传递家庭教育理念，不利于家长家庭教育指导能力的提升。因此，小一班教师决定通过微信订阅号的渗透，将幼儿园的教育理念和园所开展的各类活动进行宣传，使家长了解幼儿在园的状态以及幼儿在活动中的精彩表现，这些都是幼儿成长中不可忽视的细节。通过宣传，家长和幼儿园形成一致的教育目标，促进幼儿的教育工作。

【案例评析】

1. 教师对微信使用的不断更新，是班级微信发挥共育作用的基础

在上述案例中，小一班利用班级微信群、微信朋友圈进行线上家园互动。家长们对教师的微信朋友圈最感兴趣，因为通过班级教师微信朋友圈，家长可以看到每日班级活

动焦点，更能让家长看到幼儿在园活动照片。但是，微信朋友圈的更新需要教师的努力。为此，班级三位教师论文轮流承担起更新微信内容及微信朋友圈的责任。正是教师的不断更新，使得微信在家园共育中充分地发挥作用。

2. 逐渐挖掘微信功能，发挥微信的家庭指导作用

小一班教师一开始主要使用微信开展家长工作，但是弊端也显而易见。教师发布的活动照片很容易遗失，且教师在微信中发布的班级动态也容易被家长们的信息覆盖。为此，教师结合利用微信朋友圈、微信订阅号，综合开展家长工作，取长补短，很好地促进了家园之间的沟通，指导家长的家庭教育。

【案例 4-2-2】

班级 QQ 群的巧妙利用

【案例描述】

1. "班级相册"的建立及使用

新冠肺炎疫情背景下，幼儿园要求各班教师均要建立班级微信群、QQ 群，并及时面向所有家长发送照片、通知，分享幼儿在园的游戏学习情况。考虑到虽然家长习惯使用微信，但相对微信而言，QQ 软件更加正式。于是，大一班决定主要使用 QQ 进行线上家园共育。通过 QQ 发布信息、公告。此外，建立"班级相册"上传幼儿活动照片。为让家长更好地了解幼儿生活、学习的状况。班级三位教师做好分工，当主班教师组织活动时，配班教师负责拍照；当配班教师组织活动时，主班教师负责拍照。这样既不影响活动的开展，又能较好地记录幼儿活动的真实状态。同时，家长可以往相册里面上传幼儿在家活动的照片与视频，方便家长和教师及时了解幼儿成长动态。

2. "线上问卷"的充分使用

幼儿园以往的日常工作中，大多是采用线下纸质方式，设置家长满意度调查问卷进行调研，既浪费纸张，后期的统计工作也费时费力。由于新冠肺炎疫情的影响，无法开展线下家园沟通，因此教师们将调研转为线上，让家长扫描二维码便可在线上填写调查问卷。线上平台的统计功能，还可以及时分析出家长的满意程度，大大提高了教师的工作效率。班级线上问卷的面比较广，包括针对区域游戏、晨间锻炼、集体活动、餐点活动等方面的问卷等。

3. "家长空中课堂"的开发利用

按照原来的安排，幼儿园周五下午要开展"家长进园做老师"的活动。但是，疫情暴发后，家长无法进入幼儿园。该如何线上开展"家长进园做老师"的活动呢？通过讨

论，班级开辟了"家长空中课堂"，邀请有相关专业的家长，或开通直播，在线上直接与幼儿对话，或录制好相应的活动视频和幼儿一起探究交流。如，大班幼儿开始换牙了，有些孩子对换牙存在畏惧心理。于是，教师邀请了乐乐父亲，一位牙科医生，通过直播，向孩子们介绍牙齿的常识。通过"家长空中课堂"，乐乐父亲还向孩子们播放了换牙常识动画片，直观形象地帮助孩子们了解了为什么会换牙，换牙时应该注意哪些事项。这样的线上家长空中课堂，既保证了幼儿的健康安全，又拓展了他们的经验认知。

4. "家长互动"栏目的充分利用

为了帮助家长了解幼儿在园表现，班级开发了"家长互动"栏目，在栏目中上传幼儿在园作品，请家长欣赏、点评及投票。如，幼儿园有唱歌、故事讲述等丰富多彩的活动，教师利用QQ群进行线上评选，将幼儿活动视频发送到QQ群中，请家长投票。这样，家长都能够了解自己孩子的比赛情况，真正做到公平公正。

5. "幼儿园课程"栏目的尝试利用

为帮助家长了解幼儿园的教育教学活动，班级QQ群建立了"幼儿园课程"专栏，重点针对班级教育教学活动进行分享、反馈与征求意见。如，教师将活动的目标、开展的途径、幼儿参与活动的情况及活动的延伸向家长们进行简短的阐述，用视频或PPT辅助家长理解，并附上幼儿参与活动的照片。不仅让家长了解幼儿在园的现状，也帮助家长正确理解幼儿园教育的特点。另一方面，能够指导家长做好活动的延伸，进一步帮助幼儿巩固知识，拓展思维，深度学习。这有效促成了家长找到与幼儿之间交流的话题，激发幼儿表达的欲望，让家长能够从幼儿身上感受到进步，并在与幼儿互动的基础上帮助其进一步成长。

幼儿园可以在微信群或者QQ群中设置专门的家长交流板块，为家长交流提供平台。教师和家长可以在平台上提出自己的问题或者建议进行交流，这样既能丰富教师和家长教育方面的经验，重视幼儿教育中的一些问题，同时又能让教师更加深入地明确自己的职责，进一步确保家园共育的实施。例如，在幼儿教育的过程中，如果遇到个别幼儿在课堂上或者活动中不积极参与，与班级的其他幼儿分离，教师可以在交流板块中提出这样的问题让家长一起参与讨论，并提出一些切实可行的办法，一起解决问题。同样，家长对教师的教育内容或者行为有疑问，也可以在平台上提出问题，通过与教师的交流，不仅可以解决家长心中的疑问，还可以加强教师与家长之间的沟通，这样有助于幼儿教育的开展，达到家园共育的目的。

6. 微信的辅助利用

虽然QQ功能强大，但是微信也有自己的优点。于是，班级决定，班级的家园沟通联系主要应以QQ软件为主，微信为辅。在微信群里，更多的是日常的育儿交流，以及育儿资讯的分享等。教师还利用微信公众号平台、微信视频号平台，有规划地发布和分享教育资讯、实践活动等，提高园所与班级信息的透明度，为家园沟通开辟多元化路径。

【案例评析】

1. 教师能抓住家长的兴趣点，进行线上信息的更新

家长们最关注的无外乎是自己孩子在幼儿园的表现。因此，教师们采用主班教师带班，副班教师拍摄幼儿活动情况的方式，满足了家长的需求。在拍摄照片或视频时，为了能够让每一个幼儿出镜，让每个家长都能看到自己的孩子，教师们尽量拍摄到每一个幼儿，可以是特写也可以是合影，做到让每一个入园的幼儿都被关注到。此外，教师拍摄幼儿活动照片或视频时，尽量从不同角度寻找素材，抓拍幼儿各种表情，留存他们在不同场合下的活动状态，记录他们的成长瞬间。将幼儿正面形象呈现在家长面前，避免因幼儿负面形象引起家长的猜测、想象，产生误会。

2. 各类栏目的不断增设，不断促进家园间的有效沟通

一开始，教师们只是想到大家最为熟悉的"班级相册"，该栏目虽然深受家长喜欢，但是只能简单地呈现幼儿的活动照片及视频，无法让家长参与班级管理，也无法让教师了解家长的诉求。因此，增加了"线上问卷"栏目，通过线上问卷调查，初步实现了家长了教师间的互动，能让教师了解家长的需求，使得家长工作更有目的性，但是，利用家长资源也成为了空话。而家长进课堂是有效利用家长资源，让幼儿更全面地了解社会的一种方式。现在的家长个人素质高，职业种类多，其中不乏有从事警察、医生、消防员等专业性较强的工作的家长。这些都是幼儿园宝贵的课程资源。因此，班级又增设了"家长空中课堂"栏目，让家长"走入幼儿园"，发挥家长资源的作用。通过问卷调查，促进了家长与教师的互动，但是，这样的双向互动往往流于表面，还是无法让家长真正了解幼儿园教育教学，认可幼儿园的教育理念，家园协助。于是，班级又增设了两个栏目，分别是"家长互动""幼儿园课程"栏目。通过这两个栏目，家长参与对幼儿作品的评价、欣赏，参加班级课程实施的过程，理解幼儿园教育教学的特点、规律对幼儿发展的影响作用。

3. 微信的辅助使用，取长补短

考虑到不同软件的功能，班级的家园沟通联系应以 QQ 软件为主，微信为辅。通过微信，促进家长与教师间的日常育儿交流，以及育儿资讯的分享等。QQ 与微信的综合使用，更能让线上家园共育沟通无阻。

【学以致用】

　　大一班的李老师最近忙得不可开交，孩子们要步入小学了，家长们都非常焦虑，很多家长打电话咨询李老师幼小衔接的注意事项。若你是李老师，该如何策划并开展线上"幼小衔接"家园共育？

关切互动细节的合作共育"小技巧"

【情境导入】

一次业务学习会前，谈及幼儿园的家长工作，大家纷纷发起牢骚："如果幼儿园的工作只需要面对孩子，不用面对家长就好了!""是呀，好心把孩子的缺点告诉家长，家长还认为是我们针对孩子!""其实大部分家长是很好沟通的，可总有一些非常难交流的家长，面对这样的家长，真的很有挫败感……"那么，幼儿园如何与家庭、社区合作，让沟通变得容易而有效?

【单元聚焦】

家园合作、家园沟通的语言艺术、幼儿受伤的处理、与特殊家长的沟通。

共情的技巧

（1）了解与家长建立良好情感关系的意义。

（2）掌握与家长建立良好情感关系的策略。

"亲其师而信其道"出自《学记》，即一个人只有在亲近、尊敬自己的师长时，才会相信、学习师长所传授的知识和道理。这样的观点同样适用于幼儿园班级管理，当家长们亲近教师、尊敬教师时，他们往往更容易接受教师们的班级管理理念和行为，达到事半功倍的效果。

与家长建立良好的情感关系，不仅仅需要幼儿教师转变高高在上的传统观念，关注细节，注意自身给予家长的第一印象。同时，更需要教师用自己的专业、能力获得家长的认可和发自内心的接受。

一、家园平等交往

传统的家园共育，教师习惯性地把自己放在权威的位置。教师认为自己是专业的，是幼儿家庭教育的指导者，家长应该无条件地配合与服从。抱着这样的想法，在家园共育过程中，教师在有意无意间往往会以上对下的口吻安排家长参与班级的管理，但这些活动往往是一些跑腿的工作。如幼儿外出时车辆的安排；开学时班级小植物、小动物的购买及节庆日班级环境的布置等。这样的安排，体现出的是教师与家长地位的不平等。试想，抱着如此心态开展家长工作，怎么能得到家长的认可与肯定呢？

😊 【案例 5-1-1】

不一样的通知，不一样的效果

【案例描述】

新学期开始，小一班孩子们在老师的带领下学习自己穿脱套头衣服。在平时的家园沟通过程中，老师也有意识地提醒家长们让孩子自己穿脱衣服。但是，经过两个月的学习，孩子们穿脱衣服的能力还是非常弱，甚至是等着老师帮穿脱衣服。考虑到生活能力及生活习惯培养的需要，班级老师给家长们出了一则通知。内容如下：亲爱的小一班家长们，这段时间我们带着孩子们学习穿脱套头衣服，可是有很多孩子都不会，他们是×××、×××……看得出家长们在家包办太多。希望家长们学会放手，让孩子自己穿脱衣服，养成良好的生活习惯，谢谢你们的配合！

通知发出后，老师发现效果甚微。有些家长在私底下埋怨老师，这些家长大多是被点名批评的孩子家长，其他家长更多的是无视通知。班级教师针对这样的情况进行反思，重新调整了通知。通知内容如下：亲爱的爸爸妈妈们，我们这段时间和老师们一起学习穿脱衣服。我们很能干，已经有一部分小伙伴会自己穿脱衣服了！但是，还有一些小伙伴像我一样，还需要老师和爸爸妈妈帮助。但是，我们进步很大，请你们再多点耐心，我们一定能自己完成！

调整后的通知很快得到了家长的认可。虽然嫌麻烦，但是家长们还是耐心地等待，尽量让孩子们自己来。很快，班级孩子们穿脱衣服的能力提高了。

【案例评析】

1. 教师关注到了家园双方的平等性

在第一则通知中，教师虽然使用了"请""谢谢"等礼貌用语，看起来很尊重家长，但仔细分析，我们发现虽然使用了礼貌用语，但通知基本上是用一种上级对下级的口吻写的，通知内容给家长的感觉是上级对下级的指责和命令。但第二则通知是用孩子的口吻写的，通知中没有看到上级对下级的命令，我们看到的是孩子对家长提出的请求。从家长角度看，他们并不觉得是教师在命令他们，他们看到的是自己和教师在为孩子的发展行动着。

2. 双方地位的平等打动家长

在通知中，教师使用了幼儿的口吻。从通知的字里行间都看到教师对孩子的关心，对孩子生活习惯培养的关注。整个通知给家长的感觉是：我们不是在配合老师的工作，我们是在为自己的孩子们服务。

二、关注共育细节

人与人之间的第一印象非常重要，第一印象对双方能否建立产生积极的情感、良好的互动关系至为重要。对幼儿教师而言，给家长的第一印象是有爱心的、有耐心的、有包容心的，尤其是有专业能力的，那就能一下子拉近双方的距离，使得家长很快认可教师、接纳教师。反之，若教师给家长的第一印象是不专业的，不符合家长心目中幼儿教师的标准，则会容易导致家长的抵触甚至排斥心理，直接影响到日后双方沟通的质量。因此，教师要利用第一次与家长的接触及日常与家长的沟通等方式，打造自己在家长心目中的第一印象。

三、聚焦幼儿成长

在家园共育过程中，很多教师往往抱怨家长不作为、不合作。家长们往往用工作忙、没时间等借口，本着"多一事不如少一事"的原则，很少参与家园共育。这些家长的不合作，其实主要源于他们的心态，他们觉得合作只是便于教师的管理，对自身而言没有什么好处。因此，要拉近教师与家长之间的心理距离，就应该能找到双方共同的话题，那就是孩子的发展。所以，在家园共育中，教师要能聚焦幼儿，让家长感受到家园共育带来的快乐，即自己孩子的发展。

✍ 【案例 5-1-2】

让家园间的合作从"不愿意"走向"愿意"

【案例描述】

小李毕业后进入某幼儿园中一班工作，该班本周开展主题教学活动"有趣的颜色"。为了解幼儿关注的颜色，小李和班级的其他教师决定进行一次问卷调查。第二天，小李出了一则通知，通知的内容为：我们班准备开展主题活动"有趣的颜色"，现请家长帮助孩子找一找"颜色"，填写"我喜欢……"的调查表。问问宝宝喜欢什么颜色，为什么，在什么地方发现这些颜色。谢谢。（调查表在老师处领取，明天交回班上。）

但到了第二天，小李发现只有4名孩子交回了调查表，其他孩子都拿着空的调查表回来，说家长没有时间为自己填写调查表。过了几天，为响应幼儿园提出的"充分利用家长资源"的号召，教师请家长自愿到班级充当临时教师给孩子开展活动。小李和班级其他教师在多次邀请后，还是没有家长乐意参与，都推说没有时间，面对家长的不合作，小李也一筹莫展。

因为屡遭挫折，李老师试着站在家长立场思考重新调整家园共育方案。一是在家长参与活动后及时进行积极的反馈。如，本班小男孩明明很内向，平时不爱说话，在老师上课时总不敢主动地回答老师的问题。在查阅班级家长特殊资源库时，小李发现明明的爸爸从事飞机制造行业。于是，小李诚恳地邀请明明爸爸到班上给孩子们讲解飞机的相关知识。明明爸爸在经过一番犹豫后，来到了班上，结合 PPT 和飞机模型给孩子们讲述飞机的制造演变。看到爸爸的到来，明明特别高兴，自豪地对小伙伴们说："看，那是我爸爸！给我们上课的是我爸爸！"之后，小李发现明明似乎开朗了一些，上课时经常也能举手回答问题了。于是，小李代表班级孩子对明明爸爸感谢，并交流了明明近来的表现。看到孩子的表现，明明爸爸很感激，并强调，以后若还有类似活动，请老师邀请自己参加。

二是引发家长间的相互影响力。如，本班有一家长在消防队工作，而本班正想组织活动"火灾中我们该怎么办"，小李老师本身对火灾中的自救常识不太了解，网上虽然能收集到大量图片资料，可自己并不了解这方面的内容。于是，小李老师想请在消防队工作的家长给孩子讲讲这方面的知识，但遭到了家长的拒绝。在和家长进一步的沟通中，小李老师才知道，原来这位家长所顾虑的是：自己虽然经常去社区宣传这方面的知识，但却不知道该如何向幼儿讲解。了解到家长的顾虑，小李老师简单地教给这位家长与孩子交流的方法。在老师的帮助下，这位家长来到幼儿园，向孩子们展示了极为丰富的自救知识，很多孩子为此还念念不忘这位家长。老师请这位家长在班级 QQ 群里谈谈自己这次入园给孩子普及消防知识的体会。这位家长写道："来之前忐忑不安，随着活动的开始，看着孩子们亮晶晶的眼睛，我的不安一下消散了。迎着他们崇拜的眼神，我很感谢这次机会！"其他家长看到后，心中的顾虑也消散了，都纷纷要求参与班级入园指导活动。

【案例评析】

1. 让家长感受到家园共育对孩子的意义

要让家长愿意合作，首先要让部分家长体验合作的快乐。在上述案例中，我们看到家长一开始并不太乐意参与本班的活动，但之后主动提出让教师继续邀请自己参加班级活动，其中的变化是非常大的，原因主要在于该家长能体验到合作的快乐。从老师对明明变化的反馈中，明明爸爸看到了自己的到来给明明带来的自豪和自信，他为孩子的变化而高兴，从孩子的变化中体验到了合作的快乐，因而乐意继续合作。

2. 借助家长孩子间的相互影响

很多班级都建立了家长资源库，详细地记录了家长的工作、爱好等，希望这些家长能根据自己的爱好和兴趣参与班级的活动，但很多家长拒绝的原因不为别的，只为自己觉得没有办法和幼儿沟通，不知道该如何面对这些小不点。因此，在上述案例中，教师让参与活动的家长在班级 QQ 群里谈谈自己的感触与收获，通过这样的方式，激起其他家长参与的积极性，也拉近了家长和老师间的心理距离。

四、自信面对家长

在家园共育的过程，若能让家长感受到教师的专业性，那么，会很快让家长相信老师、敬佩老师，从而能配合和支持班级教师的工作。教师的专业能力展示包括专业技能的展示，如在组织亲子活动中绘画、歌唱等技能的展示；专业知识的展示，如在与家长沟通的过程中，能给予家长家庭教育方面的指导；还包括家长进入班级，看到适宜的班级环境的打造等。

【案例 5-1-3】

孩子太挑食？老师有妙招

【案例描述】

午餐有一道番茄蛋花汤，老师给静静盛了半碗，遭到静静的拒绝："我不喝汤！"老师尝试着说理："汤可以帮助你消化呢！"说完就去帮其他幼儿盛汤了。不一会儿，就有小朋友来告状："老师，静静把番茄都扔在桌子上了。"老师随即走过去说道："静静，不吃的话也不能扔在桌子上！碗里剩余的饭菜，你要把它吃掉！"清理完桌面老师就走开了。没有想到，刚走两步就听到"砰"的一声，静静把碗里剩下的汤全都撒在地板上了……

老师马上走到她身边，看看她身上有没有被汤溅到，然后搬了把干净的椅子牵着她的手让她坐下，把桌面和地面清理干净后再来到静静身边，轻声问她："静静，你没有喝汤，想不想喝水呢？"静静哭着摇摇头："我不喜欢吃番茄，在家也不吃的。我不爱吃的东西，奶奶从来都不煮。"

老师在离园时把当天静静的表现告诉了静静妈妈，静静妈妈说："我也很头疼。在家里为了让孩子多吃一点，平日里长辈总是尽挑一些孩子喜欢吃的食物……"在和静静妈妈聊天中，教师了解到静静在家里得到长辈们的百般宠爱，孩子喜欢什么就吃什么，不喜欢就不吃，久而久之静静就形成了挑食的习惯。于是，老师特别向静静妈妈解释了良好饮食习惯养成对孩子成长的影响。通过电话约谈、面对面沟通等方式让孩子的爷爷奶奶了解静静在幼儿园的进餐表现，引导老人了解过于"溺爱""放纵"会造成静静的营养不良、体质下降等后果。

考虑到孩子的具体情况，班级教师与静静妈妈协商制定了家园联系记录表，内容包括独立进餐、不挑食及保持桌面干净。每一项的文字边上都有图片，方便静静妈妈和静静共同记录，每次为期一周。静静和妈妈一起用标记记录静静在家的具体表现，静静妈妈也可以根据静静的表现增添记录的内容。而教师则和静静一起记录静静在园的具体表现，双方定期就记录内容进行交流，达成共识。另外，班级教师找机会和静静一起阅读绘本《我绝对绝对不吃番茄》，还推荐静静妈妈带着孩子一起读，指导静静妈妈结合孩子的兴趣与爱好，运用丰富的想象力，使静静逐渐愿意尝试她不爱吃的食物。

每天离园环节，班级教师都和家长就记录表中孩子的表现进行交流。在分析孩子挑食原因的基础上，班级教师提出了家园合作解决问题的建议。一是少盛多添。给静静分饭时每次盛的饭量都很少，当她吃完后，马上给予表扬："呀，你今天有进步，一下就吃完了，再来一碗，好吗?"然后又盛了一碗……当静静妈妈来接孩子时，就常常听到这样的话："妈妈，今天我吃了两碗，老师表扬了我!"二是"委以重任"，让静静帮助教师、家长做些餐前准备工作，如帮忙分毛巾、拿盘子等，让静静感受到被重视的骄傲。每个星期结束，班级教师和静静妈妈会根据本周静静的具体表现，调整记录表。如此循环，4个星期后，静静的进餐常规越来越好了，最重要的是，基本能接受各种各样的食物，不挑食了。静静妈妈很高兴，来接孩子时，总是喜欢和旁边的家长说："我们的老师虽然年轻，但是很专业哦!"

（广西大学第二幼儿园　温碧茵）

【案例评析】

案例中，教师通过行动展示自己的专业能力，以理服人。针对静静挑食的问题，教师通过接送孩子时面对面的交流、电话约谈等形式开展家园共育工作。通过多种方式向家长介绍孩子挑食会带来的问题和措施，及时把孩子的情况反馈给家长，并向家长说明需要合作的地方，提供相应策略，让家长有针对性地对孩子进行指导。同时，引导家长理解孩子挑食的习惯养成与家里人的饮食习惯息息相关，家长是孩子最好的老师，遇到自己不喜欢吃的食物也要带头吃，起到模范带头作用，从而树立良好的榜样。平日里对于孩子不喜欢吃的食物，要通过各种办法逐步加量让孩子接受该食物。正是在一步步的沟通过程中，教师的专业能力得到了家长的认可。

五、家园心心相通

家长最关心的莫过于幼儿在园的学习与生活，担心孩子在幼儿园不习惯，甚至是受到伤害委屈，而老师对孩子的爱能直接打动家长，让家长和教师间建立起良好的情感关系。因此，教师要用自己对孩子的爱去打动家长。首先，要用欣赏的态度对待幼儿，关注幼儿的点滴进步，给予幼儿肯定和鼓励；留意关注幼儿的心理需求，在他们有需要的时候，给予关心和疏导；用肢体语言去让幼儿感受到老师的爱，如在孩子有进步时，给他们竖起大拇指，在孩子们犹豫时，摸摸他们的脑袋，每天抽出时间给孩子们一个充满温暖的拥抱等。

总之，教师学会换位思考，从家长的角度出发去开展家长工作，相信更能打动家长，让家长感受到教师对幼儿的付出与爱护，从心底里接受教师。在这样的情况下开展家长工作，相信会达到事半功倍的效果。

【学以致用】

莫老师是新生班级小一班的新手教师，面对着准备入园的孩子及还没有见面的家长们，莫老师对接下来的家长工作有点手足无措。若你是该老师，该如何开展新班级的家长工作？请你设计第一个月的家长工作计划方案。

反馈的技巧

🎓 **【学习目标】**

（1）了解向家长反馈幼儿表现的原则。

（2）掌握与家长沟通幼儿缺点的技巧。

🎖 **【学习领航】**

　　俗话说："良药苦口利于病，忠言逆耳利于行。"在家园共育过程中，"只报喜不报忧"的行为是不提倡的。这样的行为虽然能暂时缓和家长与教师间的关系，但是长久如此会让家长质疑教师是否关注过幼儿。因此，如何"报忧"是一门艺术。反馈幼儿的缺点前，要能缩短与家长的心理距离，用平等的身份去交流。我们反馈幼儿的缺点并不是为了贬低幼儿，而是为了解决问题，所以用事实说话，就事论事，同时注意维护幼儿的自尊。

🖥 **【学习支持】**

一、维护幼儿自尊

　　很多教师往往习惯性地认为幼儿年龄小，不记事，因此在向家长反馈幼儿问题时无所顾忌，伤害了幼儿的自尊。如在离园环节，当着孩子、其他家长的面直接告状："乐乐今天故意把小伙伴的玩具弄坏了！"试想，这样的沟通，不仅直接伤害了幼儿的自尊，也会引起幼儿家长的反感心理。如此一来，沟通就变成了告状，而不是共同解决问题。因此，向家长反馈幼儿情况，尤其是缺点时，应该避开人群，单独沟通。同时，谈话方式也应注意维护幼儿的自尊。

👥 **【案例 5-2-1】**

关爱与尊重——家园合作共育之秘诀

【案例描述】

　　又到了午餐时间，一向文静的涵涵吃饭时把一只脚支起来踩在凳子上，教师提醒她把脚放下去。不一会儿,她又把脚支起来,如此反复几次。餐后,教师蹲下来小声问涵涵:"你看,穿着鞋子踩在凳子上不卫生,女孩子吃饭把脚支起来也不文雅呢,不好的习惯我们改正,好吗?"涵涵点了点头,同意了。可到了晚餐时间,涵涵吃饭时又把脚支起来了,教师走过去轻轻提醒她放下脚。涵涵经教师提醒,马上沮丧地把脚放下来。教师安慰她:"没关系,一下子改不了,老师和你的同桌也可以提醒和帮助你,老师相信你能改掉的,我们一起努力好吗?"班级其他两位教师对涵涵的这种行为也很纳闷,涵涵平时挺文静的,性格也很内敛,班上也没有其他小朋友支脚吃饭的情况,涵涵是从哪里学的呢?教师们决定继续观察涵涵的行为。

又过了两天,涵涵吃饭支脚的行为没有改善,班级教师在离园时向涵涵妈妈反馈了涵涵的情况,并询问涵涵的在家表现。涵涵妈妈很不好意思地说:"江老师,对不起,我们大人没有做好榜样,是我们吃饭时习惯支脚,觉得更舒服,涵涵应该是学我们,我们一定改!"

了解到涵涵吃饭支脚的原因后,怎么解决呢?解铃还须系铃人。教师和涵涵妈妈沟通了良好习惯养成的重要性,双方达成共识,即请家长在家里吃饭时也给孩子树立良好的榜样,循序渐进地帮助孩子养成良好的进餐习惯。

涵涵的家长果然能遵守约定,不再支脚吃饭,但涵涵的行为却依然存在。因此,教师们商量后决定在班上开展一个"吃饭好习惯之星"的活动,以此鼓励孩子,尤其是涵涵。家长们都很支持,涵涵妈妈说:"江老师,我们在家也搞了这个活动,我们一家三口比赛,看谁得到的星星最多就是吃饭好习惯之星,就可以帮助她实现一个愿望!"从这以后,涵涵吃饭支脚的行为确实越来越少了,得到的小星星也越来越多了。涵涵妈妈也会经常向老师主动汇报涵涵在家情况并积极了解涵涵在园的情况,在家园的共同努力下,涵涵最终改正了吃饭支脚的习惯。

(广西大学第二幼儿园 江玲艳)

【案例评析】

1. 幼儿是在模仿中学习

孩子的行为习惯受很多方面的影响,尤其是成人的影响,如家长、老师及同伴的影响。家庭是幼儿的第一所学校,家长是孩子人生中的第一任启蒙老师,家长的一言一行对孩子的成长有很大的影响。再加上大班孩子具有较强的观察和模仿能力,所以,作为家长更要给孩子树立正面的、积极的榜样作用。

2. 尊重幼儿能让家园沟通事半功倍

教师在和涵涵及涵涵家长沟通的过程中,都充分体现了对涵涵自尊心的保护。正是教师对孩子的尊重,赢得了涵涵妈妈的认可。涵涵妈妈意识到自己的问题,认识到小细节其实对孩子的影响也很大，并表示要积极协助老师一起家园合作，共同纠正涵涵吃饭支脚的行为。这些都基于对班级教师的认可。最后，教师抓住大班孩子有较强的竞争意识和好胜心的特点，家园携手一起开展了"吃饭好习惯之星"的比赛活动，最终激励涵涵改掉了吃饭支脚的习惯。

二、缩短心理距离

在向家长反馈幼儿情况，尤其是幼儿缺点时，忌讳让家长带着情绪沟通，这样很容易引发双方的误会。因此，在反馈幼儿情况前，学会缩短双方的心理距离。在反馈前，先不要急着进入正题，可以和家长先聊聊孩子，聊聊孩子在家里的情况，聊聊孩子在幼儿园的情况，共同的话题一下子就缓和了紧张的气氛。此外，沟通地点的适宜选择也能拉进双方的心理距离。一般情况下，我们不会选择办公室作为反馈地点，那会显得非常正式，很容易引发家长的紧张心理。可以选择比较随意的门口、走廊或幼儿寝室作为反馈地点，用闲谈的方式进行幼儿行为的反馈。应注意的是，在反馈幼儿缺点时，要本着尊重幼儿的原则，维护幼儿的自尊需要。

三、依托事实沟通

反馈不是告状，而是为了解决问题。因此，反馈情况时实事求是，不夸大，不加入个人主观的色彩，平和地向家长反馈幼儿的表现，不轻易给幼儿贴标签，也不宜翻旧账。如，"你们家孩子以前一直都这样调皮！""你的孩子从来不好好认真听课！""你的孩子学习习惯很差，这样的孩子将来学习可怎么办？"……这样翻旧账式的反馈方式非但不能获得家长的认可，反而会导致家长的抗拒心理。

【案例 5-2-2】

暴力的豆豆

【案例描述】

新学期开始了，李老师所在小一班经过一个月的入园适应，孩子们的情绪慢慢稳定下来。但男孩豆豆还是非常依恋妈妈，每天入园时，都抱着妈妈的脖子不放手，哭喊着要回家。这天早上，豆豆又抱着妈妈不松手，李老师只好强行把豆豆从妈妈身上抱下来，豆豆妈妈趁机脱身去上班了。豆豆被李老师抱走后，挣扎时打中了李老师的下巴，李老师非常生气。

当天离园时，李老师把豆豆妈妈留了下来，非常恼火地告诉她："我们从来没有遇到过这样的孩子，脾气暴躁，有暴力行为！一天之内打了三位老师！我也被他狠狠地打了一拳，到现在还有点头昏！"豆豆妈妈听后，非常生气……

【案例评析】

1. 反馈没有依托事实，导致家长的反感

在上述案例中，李老师没有客观描述豆豆的具体行为表现，而是直接给豆豆贴上了"打老师"的标签，直接告诉家长："一天之内打了三位老师！"教师的反馈没有能还原事情发生的真实经过，而是直接带来了家长的抵触心理及怒火。

2. 反馈随意加上主观的判断，缺乏真实性

在上述案例中，教师在反馈时没有描述事情的来龙去脉，而是直接给豆豆下了"脾气暴躁，有暴力行为"的结论。这样随意地下结论是不负责任的表现，也会直接导致家长和教师间的矛盾。因此，必然导致家园沟通的失败。

四、巧让忠言逆耳

俗话说"良药苦口、忠言逆耳"，没有哪个家长愿意听到别人对自己孩子的批评。常常听到幼儿园教师的抱怨：家长工作真难做，你好心将孩子的缺点告诉他们，他们却认为你瞧不起他们的孩子，说你偏心。但在幼儿园里，又不能"只报喜、不报忧"，否则长久以往，家长会觉得教师没有关注幼儿，所以才没有发现幼儿的缺点。因此，要用技巧让逆耳的忠言变得顺耳，让家长心甘情愿地接受教师对幼儿缺点的反馈。

【案例 5-2-3】

不一样的反馈

【案例描述】

琴琴是小一班的孩子，新生入园后，老师们就发现了琴琴的问题：琴琴什么事情都不敢动手，生活自理能力很弱。比如吃饭时，她等着老师喂饭，老师说："我教你自己吃，好吗？"琴琴直摇头："我不会，老师，你喂我！"在和家长沟通的过程中，老师们了解到，琴琴在家里什么事情都是家长帮忙。因为琴琴是个早产儿，出生时身体较弱，因此家人总是想尽可能地帮孩子把所有的事情做好。A 老师在离园环节，找到琴琴妈妈，

对她妈妈说："你的孩子什么都不会，吃饭、穿衣、大小便都要人帮忙，你们家长肯定包办惯了，这样的孩子将来怎么办？以后，自己的事情，让她自己做吧。"琴琴妈妈非常生气，回了一句："我的孩子要是什么都会，还要你老师干什么？"……

琴琴家长非常生气，到园长那里告状。园长把班主任 B 老师找来，让她解决本班的纠纷。第二天，B 老师在入园环节特意留下琴琴妈妈，非常诚恳地说道："琴琴又聪明又可爱，我特别喜欢。不过你有点儿太疼爱孩子！帮孩子做的事情太多。以后我们一起努力来提高孩子的生活自理能力好不好？像吃饭、穿衣、大小便、收拾玩具这类事情应尽量让孩子自己做，琴琴这么聪明，接受能力又强，这么聪明的孩子肯定能做好！"

【案例评析】

1. 直接指责会导致家园沟通无效

在上述案例中，A 老师直接指责家长包办过多，导致琴琴生活自理能力太差。从而提出以后让孩子自己的事情自己做。但是，这样的反馈直接导致家长的怒气与怨言，直接把老师的话怼回去。

2. 突出对幼儿肯定的反馈赢得了家长的认可

在上述案例中，B 老师先表扬了琴琴，说琴琴又聪明又可爱，老师特别喜欢。这样的反馈，一下子就拉近了教师和家长的心理距离。但是，一味表扬并不能解决问题。因此，教师在接下来的环节，直接反馈了琴琴的不足。可想而知，家长的喜悦心情一下子就消散了。最后，教师又对琴琴进行了肯定"琴琴接受能力强，一定能做好"，又打消了家长的抵触心理，让沟通变得有效。

五、巧用人称反馈

在家园沟通过程中，人称使用不一样，家长的接受度也会有所不同。一般情况下，尽可能使用第一人称和家长进行沟通。使用第一人称，更能让家长感受到教师是从幼儿角度出发，尽可能为孩子考虑。使用其他人称，容易让家长感受到教师对孩子的漠不关心。

【案例 5-2-4】

谈话细节决定家园沟通成败

【案例描述】

大一班一男孩俊俊经常睡懒觉，早上起床晚了，每次来幼儿园都迟到。老师给俊俊妈妈留言，约定这一天离园接送时和她沟通下俊俊的情况。一开始，俊俊妈妈以为老师会"告状"，紧绷着一张脸不怎么说话。老师见状，先是介绍了俊俊近期在幼儿园的进步表现，同时请俊俊妈妈介绍一下孩子在家里的情况。随着双方对孩子情况的交流，沟通的气氛慢慢缓和。最后，老师诚恳地对俊俊妈妈说："最近家里是有什么特殊情况吗？近来俊俊经常迟到，我担心他错过幼儿园和班级的很多活动呢。"俊俊妈妈听后，表示自己会督促俊俊早起。之后，俊俊基本不再迟到了。

【案例评析】

在这一案例中，同样是向家长反映孩子的缺点，但教师却得到了家长的理解和支持，这位教师向我们展示了较为合理的处理方法。在沟通过程中，教师注意到了细节的处理：

1. 正式谈话前，缓和紧张气氛

在正式谈话开始前，为了避免紧张，教师向家长关切地询问孩子的生活情况。谈话内容始终集中在孩子身上。尽量多介绍孩子在园表现，询问孩子在家里的情况。在上述案例中，教师先介绍了俊俊近期在幼儿园的进步表现，马上得到了家长的认可。作为家长，肯定都乐意听到有关孩子的好话。因此，在反映孩子缺点时，由孩子的进步表现入手，那当家长听到孩子的缺点时就能比较平和地接受了。

2. 尽可能以第一人称"我"来表达要说的内容，突出了对幼儿的关心

在向家长反映孩子缺点时，尽可能以第一人称"我"来表达要说的内容，而不要用"你"来提出要求。以第一人称"我"来表达要说的内容，容易让家长感受到教师对孩子的关心。如我们来看看两句表达方式不一样的话给家长所带来的不同影响。"你的孩子最近经常迟到，我担心他会错过很多非常好的活动。""别让你的孩子再迟到了，他会错过很多非常好的活动。"很显然，第二句话"别让你的孩子再迟到了，他会错过很多非常好的活动"容易引发家长的反感，这是以第二人称"你"来提出的要求，使家长容易产生这样的感受：老师在指责自己，好像自己孩子的迟到根本没有得到老师的关注。

六、非语言的沟通

有研究表明，在人与人的交往过程中，并不是单靠语言进行交往的，更多的是依赖于面部表情、声调、肢体动作等进行沟通。因此，幼儿教师在向家长反馈幼儿表现时，也应善用非语言沟通技巧。

在运用面部表情进行沟通时，首先，要注意眼神的使用。在与家长沟通时，应该保

持平行的目光交流，避免仰视、俯视的眼光或游离的眼神。仰视及俯视都会给人一种不平等的感觉，而游离的眼神则会给家长一种教师非常不自信的感觉，直接影响了家长在教师心目中的印象，导致沟通打折扣。其次，在与家长沟通时，注意倾听，多听少说，不能打断家长的话语，有意见也要等家长的话语结束才能说。不仅要倾听，还要在肢体语言上表现出倾听的认真度。如，用微笑、点头等表示对家长说话的尊重，用身体前倾间或以"对"或"是"等短语回应来表示对话题饶有兴趣，最好能动笔记录家长谈话的要点，让家长感受到教师对倾听的关注。应注意的是，在倾听时，要保持注意力集中，不要边谈边干其他事情，心不在焉。

七、把握沟通话题

在日常工作中，教师应该能主动和家长进行交流，教师与家长间有效的交流是双方在孩子的发展目标上达成共识。幼儿园教育离不开家长的配合与支持，家长是重要的教育者，家庭是重要的教育资源。在交流的过程中，我们强调的是教师的热情，只有热情地接待家长、和家长进行交流，才能赢得家长的认可。但教师代表的是幼儿园的形象，教师与家长的沟通应该不过度，即谈话应该始终围绕着幼儿进行，避免因为与家长的私人话题带来负面的沟通效果。

【案例 5-2-5】

过度热心带来的麻烦

【案例描述】

小陈刚毕业，进入一幼儿园工作，和另两位老教师（雷老师和王老师）一起工作。每次家长来接送孩子，小陈总是刻意地远离家长。雷老师发现了这一细节，这天，雷老师叫住小陈，问明原因。小陈告诉雷老师，自己之所以不愿意和家长接触，是因为自己本身性格稍显内向，每次和家长接触时总觉得很别扭。了解了这一点，雷老师传授了一些和家长进行沟通的技能、技巧，并嘱咐小陈对家长一定要热情。

之后，为了工作需要，在家长接送孩子时，小陈总会和家长们进行简单的交流。此后，小陈和家长的关系越来越密切了，其中，与毛毛妈妈的关系最为亲密。因为小陈与毛毛妈妈在初次聊天时发现两人是老乡，另外，两人都很喜欢收集邮票。之后，每次孩子离园，小陈总是经常和毛毛妈妈聊天。两人经常一起逛街、散步、喝茶等。过了不久，毛毛妈妈和丈夫关系紧张，毛毛妈妈把这件事情告诉小陈，小陈很是气愤，多次怂恿毛毛妈妈离婚，并给毛毛爸爸打电话，指责他对妻子不好。毛毛爸爸很生气，到园长处告状。之后，园长找到小陈，批评了她，而小陈则是不理解自己为什么会受到园长的批评。

【案例评析】

在上述案例中，小陈老师开始时过于紧张或拘束，对家长较为疏远，影响了正常家园共育工作的开展。之后，小陈进行了改进，似乎也取得了显著的效果。但小陈之所以受到领导的批评，是因为小陈没有把握好与家长交往的"度"。

1. 没有明确与家长交往的目的导致交往过度

在上述案例中，小陈一开始对与家长交往的目的很明确，即为了孩子的发展，自己工作的需要，因此才在雷老师的指点下主动和家长进行交流。但后来，小陈与毛毛妈妈的密切交往目的则显然不仅仅是为了孩子的发展，更多是出于自己与毛毛妈妈的共同爱好及两人的老乡关系，由于目的的偏差，就为后面的错误行为埋下了伏笔。

2. 对家长家庭内部事情的干涉导致沟通出现负面效果

作为一名幼儿教师，与家长交往的目的是为了促进幼儿的发展，与家长所谈论的话题都应该围绕着孩子进行。但小陈老师一开始与毛毛妈妈的交往就偏离了这一目的，而且到了后期，小陈老师与毛毛妈妈的交往更显亲密，他们谈论的话题不再是毛毛，而是毛毛家庭内部的事情，即毛毛母亲的私事，因而导致了毛毛爸爸的不满。

可见，教师与家长的交流应注意把握其中的度，工作方式不到位会使自己受到家长的冷落，过度则易引起家长的反感。

幼儿由于自身特点，不可避免地会出现这样或那样的问题，"人无完人"，幼儿也一样，我们允许幼儿犯错。对幼儿缺点的反馈，不是为了指责家长，不是为了发牢骚，也不是为了出气，而是为了和家长达成共识，一起调整教育策略，促进幼儿的发展。所以，有技巧的反馈是教师必备的基本功之一。

【学以致用】

教师向家长反馈孩子的缺点应注意哪些事项？结合在幼儿园见习所见，针对见习班级的家长工作，尤其是反馈幼儿缺点的案例，进行分析。

特殊的应对技巧

【学习目标】

(1) 了解特殊情况下家园沟通的原则。

(2) 掌握与不同类型家长沟通的技巧。

【学习领航】

俗话说："一种米养百种人"，在家园共育过程中，我们总会遇到一些与众不同、难以沟通的家长。与这些家长的沟通，回避只会让沟通更加无效。因此，如何让这些特殊的家长能心甘情愿地参与沟通，的确是一门艺术。

与这些特殊的家长沟通，不仅要学会换位思考，关键还在于能了解这些家长的心理需求，对症下药。

【学习支持】

一、幼儿受伤后的沟通

没有哪个家长或老师愿意看到幼儿受伤，我们本着"幼儿安全第一"的原则开展活动。但有时候意外真的是防不胜防。意外发生后，若处理得当，能够获得家长的谅解，若处理不当，反而会"小事变大事"。幼儿一旦发生意外事故，应第一时间带孩子到医务室及时护理。在有必要的情况下，应向幼儿园领导汇报。若事故造成的伤害需要把孩子送到医院治疗，最好选择在幼儿园附近的三级甲等或以上资质的医院，让家长放心，也便于后期换药。带孩子去医院就诊的同时，应打电话给家长，在电话中简单交代情况，但不要把紧张情绪传给家长。在诊治过程中，幼儿园的保健医生要全程陪同，主动支付相关费用，保留原始的票据、病历等。保健医生可以和医生进行交流，详细了解治疗过程。从医院回来，班级教师应于当天去家访，安抚孩子情绪，向家长详细反馈事故经过。在沟通过程中，始终以诚恳的态度与家长进行沟通，但不要随意包揽不应承担的责任。幼儿受伤后，可能会请假在家休养，教师与保健医生要定期打电话询问孩子的情况，关心孩子的康复。应注意的是，幼儿受伤后，有些家长会有一些过激行为，教师应该理解家长的心情，并继续关注其孩子，用教师对孩子的关心让家长放心。

【案例 5-3-1】

事故发生后的巧处理

【案例描述】

某大班在喝水环节，楠楠从座位上直接冲到饮水区域，因速度太快而摔倒。生活老师将他带到保健室做了处理。由于班主任已经下班，带班老师没有及时和班主任交流沟通这一情况。第二天早上楠楠没有来幼儿园，班主任发现楠楠妈妈发的朋友圈动态是这样的："是楠楠平时太省心了，还是我们做父母的太好说话了？孩子摔成这样甚至第二天没上幼儿园都没个老师问一下？两颗门牙一颗直接断了，目前只能拔出上半部分，至于下半部分，医生建议等恒牙长出后，再看看怎么拔剩下的那部分牙根！另一颗也松动，一个月不能咬硬东西。小孩子自我保护意识比较薄弱，幼儿园是不是地板太滑？老师们到底尽没尽到看护的职责？是不是应该给我们一个说法？"因为楠楠妈妈和班上很多孩子的妈妈是好友，这条朋友圈被很多家长评论了。

看到这里，班主任也不得不在朋友圈回复："对不起，楠楠妈妈，昨天 A 老师请假，下午是 B 老师进班顶班的。我具体了解一下情况后，立刻给您打电话。"通过和生活老师沟通，班主任了解了事情的发生经过，向相关领导报备后，赶紧给楠楠妈妈打电话，安抚家长的情绪，不断道歉，放低姿态，表示孩子受伤老师也非常心疼，同时承认是老师的疏忽，老师会持续关注楠楠牙齿的情况，提醒楠楠注意安全，如果需要拔牙或者手术，老师愿意陪同、报销医药费。和楠楠妈妈在电话中聊了近一个小时，家长的愤怒情绪逐渐缓和，但仍强烈要求幼儿园换地板。结束电话后，班主任及时向领导反馈情况。

楠楠来园后，老师们更加关心、关注楠楠，在就餐、喝水等环节及时提醒小朋友们注意安全，同时个别指导楠楠，引导他关注牙齿健康，提醒楠楠记住班级公约，不要在教室跑来跑去。楠楠的表达能力非常好，会回家主动和爸爸妈妈讲在幼儿园发生的事情，当家长发现我们老师如此用心后，慢慢地谅解了老师。

【案例评析】

在上述案例中，家长对教师有意见后，教师在第一时间没有推卸责任，也没有急着为自己辩解，而是了解事情发生的经过。在了解事情发生经过后，勇于承认错误，和家长沟通态度诚恳，并在后续的带班过程中关心楠楠，让家长看到教师对孩子的爱。正是教师这一系列以关爱孩子为基础的沟通，赢得了家长的认可。

【案例 5-3-2】

户外运动场上的伤害

【案例描述】

　　户外活动时，咚咚从攀爬墙最矮的阶梯跳下来时，静静正好冲到她身边，两个小女孩撞到了一起。咚咚站起来向静静道歉，老师赶紧跑过去，检查静静是否受伤，在发现静静脚痛不敢站立时，立刻将静静抱到保健室处理。保健医生检查了静静的脚，涂上药，嘱咐老师提醒静静的家长回家后继续观察，脚可能会肿。保健医生让静静在保健室走了两圈，静静说不痛了，老师才带着静静走回了教室。

　　离园环节，在静静爸爸接孩子时，老师蹲下来检查孩子的脚，发现没有红肿。老师向静静爸爸说了事情的原委，同时向静静爸爸道歉，提醒他回家后要继续观察，如果需要拍片，老师可以陪同。结果晚上七点左右，静静妈妈就在微信群发消息："老师，我们静静的脚是怎么摔的？"老师看到后，立刻回复："对不起，静静妈妈，我们私聊，我给您打电话。今天下午和爸爸解释了，可能爸爸转述得不够清楚，我再和您详说一下。"静静妈妈回了一条消息："肿得好严重。"老师马上给静静妈妈打电话，再次讲述了事情发生的经过，向她道歉，同时建议她如果孩子的脚肿了，就立刻去医院检查，老师可以陪着一起去拍片，以免孩子脚痛得睡不着觉。静静妈妈说："我们明天去打预防针，顺便去检查吧。可能只是扭到筋了。"老师还是不放心，说："如果您觉得医院远，您可以用冰敷，或者去周围社区的诊所让医生看看，开些药。明天我们继续跟进。"静静妈妈说没关系，再观察一下。

　　第二天中午十二点左右，静静妈妈在群里发消息："老师呢？哪位老师陪我们去医院拍片？"当时老师们在忙，没有及时看到消息，班主任本想中午下班后了解孩子的情况，后来打开手机才发现，静静妈妈不仅在班级微信群发了消息找老师，还私聊班主任让老师陪着去检查。老师打电话后才发现，原来静静妈妈上午发了朋友圈，说孩子在幼儿园受伤了，正好朋友圈被孩子爷爷看到了，爷爷要从外地赶过来。家人都说孩子伤得非常严重，要求老师陪同去检查。由于医院已经下班，只好等下午去检查。老师向领导报备后，陪家长一起去医院给静静检查，最后诊断没有骨裂，医生开了药，说在家调养一段时间就好了，让静静妈妈接下来用热水敷。静静妈妈说昨晚她已经用热水敷了，医生说刚肿的 6 个小时之内是冰敷，不能用热水敷。静静妈妈这才知道是自己当时处理方式不对，加剧了孩子脚肿的情况。在医院检查后，虽然静静没有来幼儿园，但是老师都在微信上向静静妈妈及时关注、了解静静的情况。

（广西大学第二幼儿园　胥萍）

【案例评析】

上述两个案例，有着相似之处。教师的处理及时而细致，家长们在事故发生时情绪均比较激动，但基于教师正确的处理，两个事件中的家长均能平缓情绪，使沟通顺利进行。

1. 班级教师应及时沟通，了解幼儿受伤的经过

无论是哪位老师带班时出现的幼儿受伤情况，班上老师都要及时沟通，了解幼儿受伤的经过，这是老师与受伤幼儿家长交流、沟通的基础。在与家长沟通时，教师均适时道歉，注意自己的言辞，多听家长倾诉，理解家长的情绪，而不是急于为自己推卸责任。

2. 敢于承担责任，主动和家长交流沟通

在与家长交流沟通的过程中，两个案例中的教师都能真诚对待家长，适当地放低姿态，让家长感受到老师的诚意。同时，提出处理方法，让家长安心。

3. 出现对幼儿园有负面影响的事件，及时向领导汇报

在两个案例中，家长们均依托网络，发布了不利于幼儿园形象的言论。而班级教师能及时向领导汇报、反馈，尤其是反馈自己解决问题的对策，以便领导及时了解、关注事件的动态。

4. 持续跟进受伤幼儿，关心幼儿的现状

在两个案例中，无论受伤幼儿是在家养伤还是回幼儿园继续上学，老师都能主动关心、持续跟进受伤幼儿的伤势，让家长看到教师非常重视他们的孩子，以积极的态度、真诚的交流去面对受伤幼儿的家长。

【案例 5-3-3】

恼人的大黑蜂

【案例描述】

一个晴天的上午，孩子们在户外玩沙子回来，大家都在换衣服，有小朋友说小米哭了。教师才发现她坐在位置上，裤子还没提好，一直在哭。教师轻声询问她怎么了，小米一边哭一边喊疼。教师赶紧问她哪里疼，小米一边哭一边说腿疼。教师拉开她的裤子，发现孩子大腿上有一颗红点点，教师用手摸了摸红点周围，小米哭得更加厉害了，一直喊疼。教师一边安慰她一边拉开裤子想检查是否还有别的伤口，突然一只黑色的大蜂飞了出来，教师马上意识到，小米应该是被这只大黑蜂蜇了，提醒小朋友们躲开的同

时，教师牢牢记住了这只大黑蜂的样子。

教师赶紧抱起哭泣的小米，一边安慰她一边把她送到医务室，告知医生发生的事情，并详细描述了大黑蜂的样子。医生马上给小米处理了伤口，同时询问小米并检查她的身上是否还有其他伤口。简单处理好伤口后，小米的情绪也基本稳定下来了，教师便问清小米事情发生的具体经过，确定自己的初步猜测。随后，教师打电话联系了小米妈妈，先告知她小米被蜂蜇了，幼儿园医务室已给孩子进行伤口处理，请她放心，然后建议她来园把小米送到医院进行进一步检查。小米妈妈很快赶到幼儿园，听完事情原委后，和老师一起把小米送到医院。

这件事情发生后，我们检查了教室的里里外外，并向主管安全的副园长汇报了事情发生的经过，排查了幼儿园室内外活动地点的安全隐患。中午，教师联系了小米妈妈了解小米的身体情况，得知小米没有大碍，只需休息即可。小米妈妈还告诉教师，前两天他们家晒衣服的时候也发现过黑蜂，黑蜂喜欢藏在深颜色衣物里，估计黑蜂是藏在小米的黑裤子里，被带到了幼儿园。教师表达对小米的关心后，也建议孩子妈妈以后收晒衣服要留意检查，同时帮助小米养成穿衣服前抖一抖再穿的习惯。之后，教师收集了资料，和孩子们一起科普了关于防蜂蜇的常识，以防类似事件再次发生。

（广西实验幼儿园　郭梦兰）

【案例评析】

这次孩子被蜂蜇的意外事件，教师的做法是及时、恰当的，在家园联系方面，教师做法也是比较周全的。首先，处理眼前的事件，稳定孩子情绪，用科学的方法保障孩子的健康和安全。接着，电话联系家长，沟通思路清晰，话语有艺术，先简要告知孩子在学校发生的事情，同时告诉家长孩子伤口已得到处理，情绪稳定，让家长更安心。然后，表达老师的下一步建议（到幼儿园接孩子带去医院进一步处理伤口）。家长到场后，主动、客观、详细告知事情原委，老师和学校的处理办法等，这样更能取得家长的信任，有利于后续家园共育工作的开展。同时，给家长提供有价值的信息，便于进行下一步的治疗和护理。被蜂蜇了，记住蜂的样子很重要，这样便于医生更有针对性地进行医疗救助。最后，实时跟进孩子的情况，及时与家长联系，了解孩子在医院的情况，表达老师的关心。同时，及时反思事件发生原因，抓住教育契机，教会孩子自我保护的方法。

二、与特殊家长的沟通

在家园共育的过程中，我们往往会遇到一些特殊的家长。面对这些特殊的家长，只能针对家长的具体情况，分析家长的需求与想法，有针对性地进行沟通。

（一）冷静对待非理性的家长

著名教育家苏霍姆林斯基说过："若只有学校而没有家庭，或只有家庭而没有学校，都不能单独地承担塑造人的细致的、复杂的任务。"在家园共育的过程中，难免会遇到非理性的家长，这类家长比较容易情绪化，甚至拒绝沟通。鉴于此，当遇到家长非理性卷入幼儿冲突的事件，不宜冲动，教师应该充分理解孩子在对方心目中的地位，理解家长此时的心理感受，第一时间抚平家长的情绪。家长情绪越激动，越难以冷静，教师的处理就要越理性，避免不必要的冲突。本着彼此尊重的原则，做好家园沟通。

【案例 5-3-4】

难以冷静的家长

【案例描述】

中班上学期，自主区域活动时，萱萱和丽丽选择了益智区，她们正在玩给动物找家的游戏。萱萱想要丽丽手里的北极熊木块，没有经过丽丽的同意，就直接抢了过去。丽丽着急了，抓住萱萱的手抢回了北极熊，抓伤了萱萱。萱萱大声哭了起来，老师立刻赶到，检查了萱萱的伤口，及时擦药，并了解了事情的原委。老师告诉丽丽和萱萱，如果想玩别人手里的玩具，可以有很多方式，比如和小朋友商量交换玩或者轮流玩。同时，引导丽丽意识到自己伤害别人是不对的，也让萱萱知道抢玩具是不对的。在教师的引导下，两个孩子互相道歉。在萱萱爷爷来接孩子时，老师和萱萱爷爷说了的经过，并说明伤口已经及时处理。

晚上七点多，家长微信群突然弹出一个消息，是萱萱妈妈发的，她直接@丽丽的爸爸妈妈，说："丽丽怎么又抓伤了萱萱？我们明天要去验血，打狂犬疫苗！"老师看到消息，立刻给萱萱妈妈道歉，同时告知她教师会立即电话私聊。"萱萱妈妈，对不起。是我们老师的疏忽，没有关注到两个孩子的冲突，我们非常能够体会您的心情，我马上给您打电话私聊。"在微信群回复完后，老师立刻给丽丽的妈妈打电话，并请她不要在家长微信群里回复萱萱妈妈，由老师来处理。接着，老师赶紧给萱萱妈妈打电话，真诚地向她道歉，听她倾诉，同时，提出解决方案，老师可以和她一起去医院外科检查一下孩子的伤口。萱萱妈妈的情绪逐渐缓和，说不用老师陪同去医院了，他们再观察观察。和萱萱妈妈通完电话后，老师给丽丽妈妈打电话，告诉他们老师已经把事情处理好了，让他们不要担心。

给双方家长打完电话后，班主任及时和班级老师沟通，总结并反思这次事件。生活老师回忆，说丽丽和萱萱在小班的时候也发生过一次冲突，那个时候班主任还没有进入该班。当时，老师在微信群发了一个孩子们跳舞的视频，视频中丽丽说萱萱不认真跳舞，所以用手臂碰了萱萱。萱萱妈妈看到了，直接在微信群@丽丽的爸爸妈妈，不仅让他们在微信群上道歉，还在下午接孩子后，带着萱萱等着丽丽妈妈，让丽丽妈妈当面道歉。当时，班上的老师完全没有介入。这个事件后，两家人闹得很不愉快，甚至不让两个孩子在一起玩。

班主任了解情况后，决定续继续加强与双方家长的沟通，通过日常接送的交流、短信、电话形式及时反馈孩子的表现。例如，在他们接孩子时，告诉他们两个孩子在幼儿园一起玩的情况，让他们理解，孩子之间就算有一些小冲突，也很快就和好，希望我们不要以成人的眼光去看待孩子之间的冲突。随着教师的不断干预，两个家庭间的关系也逐渐缓和。

（广西大学第二幼儿园 胥萍）

【案例评析】

案例中的教师在面对非理性家长的抱怨时能较好地处理问题，缓解家园冲突，主要是源于教师理性化的处理方式。

1. 教师及时介入，避免事态恶化

家长非理性卷入幼儿冲突时，教师应及时介入。案例中的教师关注到微信群家长的消息动态时，及时介入，用"打电话""私聊"的方式和双方家长积极交流沟通，以免幼儿冲突事件在网络公共平台继续发酵。关心家长的情绪情感，真诚地道歉，告诉家长老师们以后会更加关注孩子之间的冲突问题。同时，站在家长的角度，认同家长的情绪，知道受伤幼儿的家长情绪激动，多听家长倾诉，并诚恳地提出处理办法。

2. 以爱育爱，换位思考，以公平友善的态度与家长交流

当家长非理性卷入幼儿冲突时，教师要换位思考，更冷静、理性地面对家长，缓解家长愤怒、激动的情绪。通过共情，与家长增进交流，赢得家长的理解和支持。本着一切为了孩子的原则，事情会逐渐发生有益的变化。本案例中，教师耐心地听萱萱妈妈倾诉，给她宣泄情绪的机会，最终慢慢冷静下来。

3. 积极反馈，深入沟通，赢得支持

在家长非理性卷入幼儿冲突后，教师应该持续关注孩子的表现，及时和家长反馈，让家长了解幼儿同伴冲突的特点，比如多对事不对人，冲突后转身就忘。知道幼儿同伴冲突是有一定价值的，比如发展幼儿社会交往能力、建立自我概念等。帮助家长更理性地对待幼儿冲突，减少非理性介入幼儿冲突的发生。

（二）巧妙应对要求过多的家长

每个班级都会有"事多"的家长，作为教师，应正确看待这部分家长，如果处理得当，这些家长不但不会站在对立面，而且会成为幼儿园的同盟军，成为幼儿园宝贵的教育资源。这就要求教师能正确地看待家长的角色：家长不仅仅是幼儿园教育资源的提供者，不仅仅是学习者，也是幼儿园教育的支持者。家长的支持不仅表现在收集与提供教学物质、参与或协助幼儿园的教育教学活动等，也表现在家长参与幼儿园的日常管理活动。家长的"事多"正是其责任心的体现。因此，教师对于"事多"的家长，要了解分析其背后的真正诉求，积极回应与沟通。

【案例5-3-5】

"高要求"的家长

【案例描述】

在刚与新生接触时，小左老师就发现本班小凡的妈妈似乎有些挑剔。如小凡妈妈到幼儿睡觉房转了一圈后，向小左和本班的另外两位老师提出建议：应该在睡觉房的窗帘后加上一层遮阳布，要不光线不够暗，孩子午睡睡不着；看到孩子们的杯子架，小凡妈妈又有意见了，说应该在杯子架上安上一层纱布，这样蚊虫才碰不到孩子的杯子；又提议班上每个月召开一次家长会；看到班上的图书架，提议说班上的图书太少了；还提议教师应该教孩子们认字、写字；过了不久，小凡妈妈又提议全班组织幼儿和家长去烧烤或摘果……

小左和本班两个老师后来才知道，原来小凡妈妈是全职家庭主妇，没有工作的压力，特别关注幼儿园里的事情。面对小凡妈妈似乎无止境的建议，小左和本班的老师开始时还能虚心地听取，并尽量改进。但到了后来，小左和本班其他老师已经开始在回避小凡妈妈了。不久，老师们马上发现，回避不但不能解决问题，反而让问题更严重了。

经过反思，小左老师发现这位家长提出的意见或建议有些是合理的，有些是不合理的。如小凡妈妈提出应该在睡觉房的窗帘后加上一层遮阳布，杯子架上应安上一层纱布等，这些都是合理的建议，教师可以利用幼儿园的资源进行更改。于是小左老师向园长进行了汇报，并被告知幼儿园会及时进行安排。得到园长肯定的答复后，小左老师及时把结果向家长反馈，使家长能感受到自身的被尊重感。对于不合理的部分，小左老师和家长进行沟通，告知不能解决的原因。如小凡妈妈提出应该教幼儿认字、识字，小左老师提供相关的文章给家长，之后与家长交流其中的弊端，使家长能认识到这种不合理的建议对幼儿发展的不利。对于合理且家长可以帮助解决的建议，小左老师试着让家长参与解决，发挥家长的作用。如小凡的妈妈提议每月组织一次家长会，这的确是一个较好的建议，按很多幼儿园的惯例，都是期末和期初各组织一次家长会，由于家长会次数的有限，的确无法满足部分家长的要求。但如今很多家长工作较忙，要求他们每月参与一次家长会可能会让这部分家长无法接受。而小凡妈妈是全职家庭主妇，无工作的负担，出于家长的身份，小凡妈妈的建议可能往往更容易让其他家长接受。因此，小左老师试着把每月家长会或家长沙龙的策划权交给小凡妈妈，如召开的具体时间、参与人数、召开形式等，教师则主要扮演沟通者的角色。如此一来，既采纳了"事多"家长的意见，也让他们有发挥自身优势的机会。

（广西大学第二幼儿园 覃哲霖）

【案例评析】

　　每个班级都能遇到一些"要求特多"的家长，这些家长常给幼儿园提意见、建议，有时甚至提出不合理的要求。当然，教师对这些家长也能给予回应，但很多教师由于"不胜其烦"，很多时候对这些家长采取了搪塞、回避或不予理睬的态度。如上述案例中的小左老师后来已经在开始回避小凡妈妈了。久而久之，这部分家长与幼儿园及教师会逐渐形成对立，阻碍正常的家园沟通。经过反思后，小左老师调整策略，才扭转局势，在获得家长认可的同时，也解决了班级的问题。这个案例中值得借鉴的有以下两方面：

　　1. 积极回应，没有敷衍了事

　　在上述案例中，小左和本班的另两个老师一开始对小凡的妈妈采取了敷衍了事的态度，原因主要在于教师对家长工作的认识。教师把处理好与家长的关系看成一项日常工作，家长关心孩子在园的情况，但教师往往把家长看作幼儿园的"客户"，因此，担心家长的意见或提出的建议如没及时解决，幼儿园的日常工作会受到影响。这样一来，教师的家长工作就显得极为被动，教师们当然也就希望家长们都不要有意见，对那些"事多"的家长也就采取回避、搪塞等态度了。而问题的解决则是因为后期教师态度的转变，积极回应家长的"事多"，认识到处理好与家长的关系是幼儿园工作中的重要组成部分。所以，家长"事多"应该是一件好事情，说明家长正在参与幼儿园的教育与管理。有了这样的认识，对于"事多"的家长，我们才能以积极的态度回应。

　　2. 经过筛选，区别对待家长的意见

　　当然，家长提出的意见或建议有些是合理的，有些是不合理的，教师应学会对家长的意见和建议进行筛选。对于合理的部分，可以采纳；对于不合理的部分，应能和家长进行沟通，达成共识；对于合理且家长可以帮助解决的建议，教师可以试着让家长参与解决，发挥家长的作用。

（三）耐心面对要求超出自己职责范围的家长

《幼儿园工作规程》对幼儿园的性质、任务作了明确的规定：幼儿园是对三周岁以上学龄前幼儿实施保育和教育的机构，是基层教育的有机组成部分，是学校教育制度的基层阶段。幼儿园的任务是：实行保育和教育相结合的原则，对幼儿实施体、智、德、美诸方面全面发展的教育，促进其身心和谐发展。同时为家长参加工作、学习提供便利条件(《规程》第2条、第3条)。从中我们能清楚地认识到，幼儿园保教工作的双重任务可以归纳为教育幼儿、服务家长。因此，当家长的要求超出自己的"职责范围"时，不要马上给予否决，本着"服务家长"的理念，尽可能地帮家长排忧解难。

【案例 5-3-6】

<h2 align="center">火药味十足的园服事件</h2>

【案例描述】

小周老师刚毕业不久，被分到中班做老师。开学不久，又到了幼儿园购买园服的时间。幼儿园把各尺寸的园服发到班上，请家长给自己的孩子试穿并到班级老师处登记所需园服的尺寸。(注：厂家按所登记的尺寸发货，拿到园服后不能换货。)

小雨的姥姥在再三考虑后，给小雨登记了 XL 码的园服。过了一周，厂家按尺寸把园服寄到了幼儿园，老师随之把它们发到家长手中。第二天，小雨姥姥找到老师，要求把小雨的园服换成 L 码的，因为 XL 码的园服太大，小雨穿不了。小周老师考虑到幼儿园之前已说明不能调换，因为是厂家定制，自己是没有能力调换的。于是，没等小雨姥姥说完话，就拒绝了她的要求，并不客气地说："当时为什么要给小雨登记 XL 码的，穿不了我也没办法。"小雨姥姥的声音立马提高了八度："就是因为穿不了我才找你的！"小周老师一听情绪也上来了，呛人的话也脱口而出："穿不了就不穿了呗，又不是我报的号码！"听到这话，小雨姥姥很是生气，在一些家长面前说本班老师不好……

【案例评析】

在上述案例中，家长所提出的要求的确不在小周老师的能力范围之内，此外，既然已经有言在先，不能换货，那小雨姥姥的要求似乎也不合理。但小周老师的拒绝为什么会引发小雨姥姥的不满？主要是因为小周老师处理方式的不当。首先，小周老师没有耐心地听完家长的话，使小雨姥姥觉得自己不被重视，从而产生了不满。其次，小周老师没有经过任何的努力就拒绝了家长的要求，使小雨姥姥觉得老师不关心家长的困难，冷漠无情，导致之前的不满升级成为怨言。最后，小周老师不注意自己的语言，如说"穿不了就不穿了呗"之类的话，使小雨姥姥觉得她是在幸灾乐祸，因此对老师极度不满，而在其他家长面前宣传本班老师的不是。其实，遇到这样的问题，小周老师可以尝试这样进行处理：

1. 认真倾听

在这样的情况下，有些老师往往以事先有过规定，自己无法解决为由直接打断家长的话。这样一来，只会导致家长的怨气加重。因此，在遇到这样的情况时，首先应认真并诚恳地听完家长的要求及理由，不要不耐烦地打断家长的话，或对家长的话敷衍了事。在倾听的过程中，还应表示对家长的理解。

总之，这就要求老师能站在家长的角度看待问题，能让家长感受到老师对他们的尊重，这样利于消减家长的不满。

2. 诚恳地尝试帮助家长解决问题

老师遇到这样的问题，虽然不在自己的能力范围之内，但应能诚恳地提出自己的帮助，这样易使家长感受到老师对自己意见的重视及老师对自己的关心。如上述案例中的小周就可以诚恳地告知家长，自己无权做主，也办不到，但自己会尽力想办法，即会立即向上级领导反映，并尽可能地联系厂家，看是否能换货。此外，自己也会到其他班级了解是否有想以 X 码换 XL 码的家长。若有，会立即帮助调换。

总之，这就要求老师要拥有耐心，把家长的事情当作自己的事情来对待。

3. 及时把相关的反馈向家长反映

当然，若我们在尽力之余还是解决不了问题，应及时把相关的结果告知家长，不可不了了之。若是没有向家长反馈结果，易使家长觉得之前教师的帮忙都是在做表面功夫。在上述案例中，若小周能做到这一步，即使最后园服没换成，小雨的姥姥也不会有太大的意见及不满，因为她能感受到班级老师对她的重视。

（四）细心面对固执己见的家长

在工作中，我们也会遇到一些固执己见的家长，总觉得自己的想法是对的，听不进教师的话。面对这样的家长，放弃只会加剧孩子的教育问题。面对这类家长，教师首先可以尝试着"以理服人"，通过与家长的沟通，帮助家长看到孩子存在的问题。当然，也有些家长拒绝沟通，一味认为自己的孩子没有问题，教师的反馈都是源于对自己孩子的偏见。遇到这类家长，教师可以创造条件，让家长能清楚地观察到自己孩子在活动中的真实表现。总之，教师不仅要能积极帮助孩子解决问题，还要能让家长从孩子的变化看到自己认识的不足。

🙋 【案例 5-3-7】

"脱胎换骨"的晨晨

【案例描述】

　　这天，晨晨午睡起床之后把自己的椅子拖到桌子中间，使得一旁的可可无处可坐，可可跑过来向老师求助。在老师的劝说下，晨晨勉强挪出一点地方给可可。过了一会儿，他就开始拉可可的辫子，理由是可可告了他的状。老师给可可换了一个位子。接着，晨晨一会儿踢轩轩的脚，一会儿又掐一旁丫丫的手臂……前来告状的孩子络绎不绝。

　　离园环节，老师把晨晨在园的表现跟他爸爸进行反馈。没想到，晨晨爸爸只是轻描淡写地说："我们工作太忙，没时间管孩子。孩子主要是由妈妈带的，可能太宠了，请老师多关心、多教育。"之后老师又跟晨晨妈妈沟通，晨晨妈妈则有些不高兴了："我家孩子在家可不会这样的，他这样是和小朋友闹着玩呢，是想引起老师的关注。"老师从谈话中了解，晨晨从小缺少爸爸的陪伴，妈妈一味地宠溺他，做错事没关系，妈妈会帮忙解决。在家里还特别喜欢看一些捉弄人的动画片，如《奥特曼》《猫和老鼠》，还经常看成人玩一些有暴力倾向的游戏。妈妈觉得在家里晨晨没有出现老师所说的情况，因此一直不重视，只说晨晨就是太调皮了，长大自然好了，不用担心。

　　班级教师商量后，决定对晨晨开始"特殊"的关注。于是，老师们决定让晨晨"忙起来"。晨晨特别喜欢画画，爱画一些火柴人来记录一些情节。老师们就让他帮忙记录区域活动结束时，哪些小朋友收玩具最快，哪些小朋友收得最慢。他收到任务后，就拿着记录本边记边提醒动作慢的小朋友。当他发现天天把玩具乱摔乱踢时，他大声喊："天天，你怎么破坏玩具！我告诉老师！"晨晨气急地跑过来告诉老师，希望老师去批评天天。老师轻轻地问："现在我请你做小老师，批评完天天，我们要怎么帮助他呢？"晨晨看着远处还在摔玩具的天天，努力思考着。老师拍拍晨晨的肩膀说："晨晨想到办法就可以去做，老师相信你可以的。"晨晨得到了老师的肯定，急忙跑过去拉着天天的手说："我们一起来整理吧！这里还有一些乱，我们一起收，我们就是好朋友了；下午我妈妈拿小汽车玩具来接我，我们一起玩好吗？"天天听到开心地说："好的，我们一起收，我们以后一起玩小汽车。"每次区域总结时，老师都会邀请小老师晨晨拿着他的记录本说一说他的记录和发现；有时也会让他和老师一起整理玩具。

　　一次晚餐后，多多把小雅的椅子搬走还动手打了小雅一下，晨晨看到后说："不能打人，打人是不对的。"老师趁此机会在孩子面前表扬他："你们看，晨晨知道打人是不对的，以后我们要向晨晨学习，不随便打人。"一个月下来，晨晨像变了个人似的，他在做事情中获得了极大的满足，小朋友对他的评价也从负面转变为正面，他自己也乐滋滋的。

经过一段时间，老师主动找晨晨妈妈谈心，告诉她孩子在园的情况和进步。晨晨妈妈听了很是开心，还和老师聊起很多晨晨小时候的事情。最后，老师委婉地向晨晨妈妈提出："妈妈以后来接早一些，带晨晨在园里和好朋友一起玩一下。晨晨说家里有很多玩具，想邀请他的好朋友到家里玩呢。"晨晨妈这一次爽快地答应了。自此之后，晨晨妈妈多次主动找老师聊天谈心，说了很多晨晨在与好朋友交往中遇到的问题，与老师一起商量解决问题的方法。

随着晨晨一天天的进步，从前的"调皮鬼"变成了一个认真做事、积极主动帮助别人的小老师。向老师告状的孩子也减少了，晨晨在班级中也有了自己的好朋友。最让老师高兴的是，在学期末的家长半日开放活动中，晨晨表现得很积极大方，积极参加各项活动，家长看到晨晨的变化和进步，开心地笑了。老师和晨晨妈妈也成了无话不说的好朋友。

（广西大学第二幼儿园　莫艳华）

【案例评析】

上述案例中，教师通过系列教育策略促使孩子改变一些不好的行为表现，再进一步与家长达成教育共识，进而形成家园共育合力，最终促成孩子往更好的方向进步。

1. 改变家长从改变孩子开始

面对家长的固执，案例中的教师没有回避，而是从改变孩子开始。面对晨晨，老师采用的表扬、鼓励、批评等方式均不奏效，这说明简单的表扬、鼓励无法满足晨晨的需要。那么，晨晨的需要究竟是什么？他为什么总去"骚扰"周围的同伴？只有真正理解晨晨行为背后的想法或成因，才能作出适宜的指导与支持。教师需站在晨晨的立场去关注、理解他的想法。通过与家长的谈话，结合观察分析，教师了解到晨晨的生活背景、外在行为与内心的真实想法。晨晨从小缺少爸爸的陪伴，缺乏关注及关爱。每当晨晨做出负面行为时，才能得到被他人关注的需要，因晨晨缺少与人交流沟通的方法才选择用"肢体语言"来表达自己的情绪和解决问题。为此，教师尝试通过"委以重任"的方式，循序渐进地改变晨晨。

2. 积极沟通，让家长通过孩子的变化而改变观念

案例中，教师通过家园合作方式帮助晨晨妈妈了解晨晨的心理需求。通过日常交流，让家长看到孩子的进步，从而反思自己原先固执的想法，从而与教师达成教育共识。

（五）理性应对发泄不满情绪的家长

家长的不满情绪是教师必须立马处理的，若回避不管，不满可能会升级为愤怒等情绪，直接影响到班级和幼儿园的声誉。因此，当发现家长有不满情绪时，首先，同情、理解家长，不要急于为自己辩护，要成功地扮演倾听者的角色，多倾听，并始终尊重家长，强调以教师对家长的真诚和对孩子的关爱来感化家长。此外，还应能进行自我反思，若真是自身的问题，应该能坦然向家长承认错误。这一点并不会让教师丢脸，相反，能让家长感受到教师的负责任，这并不会有损教师威信，反而更有利于教师在家长心目中形象的重新树立。其次，可以多介绍孩子当天的情况，使家长感到他的孩子是受老师关注的，发生这次事件纯属偶然。最后，真诚地向家长保证，说明今后将尽力避免发生类似事情，并提出希望，希望家长今后对自己的工作多提意见。看到了老师的处理，相信原本怒气冲冲的家长也能缓和下来。

【案例 5-3-8】

<h3 align="center">一次换衣服引发的冲突</h3>

【案例描述】

中班下学期，下午户外活动后，孩子们回教室换衣服。菀菀换衣服后，老师发现她背带有一小片暗红的硬硬的东西，在牛仔底色上显出来，看起来像血迹。老师当时很疑惑，还拉着菀菀到生活老师面前，问道："怎么菀菀换的衣服是这样的？难道这件衣服是脏的没洗？"老师们一起查看了背带上像血迹的污渍，困惑地问菀菀："为什么衣服上面有这样一块东西？"菀菀说："这件衣服就是这样的，从书包里拿出来就这样。"老师们听了之后就以为是衣服原有的污渍，就不再理会了。离园环节，老师如实告知菀菀妈妈这件事情，也说了菀菀在幼儿园没有流鼻血。菀菀妈妈听后笑眯眯地说："没事没事。"

第二天，菀菀妈妈忽然找生活老师抱怨："菀菀流鼻血了，老师都没有解释清楚。回家后奶奶用水泡了衣服，闻到了血腥味！肯定是在幼儿园流鼻血了！"还说菀菀奶奶很不高兴，昨晚还严厉指责了菀菀妈妈。一边说着，一边还把之前对老师的不满都发泄出来，比如"老师分享的照片，自己的孩子露脸不多""开学后的家长会不能只是班主任开，应该三个老师全程都在，家长们带着孩子一起开家长会""老师要以孩子为主，不要去参加比赛"等。

由于菀菀经常流鼻血，老师能理解菀菀妈妈的想法。因此，在菀菀妈妈下午接孩子时，老师耐心地再次讲述了昨天换衣服的经过，并告诉菀菀妈妈，菀菀在流鼻血的时候是害怕的，一旦流鼻血会主动告诉老师。那天户外活动期间，菀菀就在老师的周围，回到教室也是马上就换衣服，没有什么异常表现，而且上午也没有流鼻血。同时，感谢菀菀妈妈主动和老师沟通，谢谢她提的建议，我们老师会在遵守幼儿园各项规定的情况下，多加注意。菀菀妈妈表面没有说什么了，但有家长说菀菀妈妈还是会和其他家长抱怨老师，不过，老师们仍然宽以待人，真诚地、用心地对待她和孩子。到孩子毕业时，菀菀妈妈特意写了贺卡感谢班级老师的辛苦付出。

（广西大学第二幼儿园 胥萍）

【案例评析】

遇到发泄不满情绪的家长，案例中的教师向我们展示了较为有效的处理方式：

1. 真诚地与家长沟通，以得到家长的理解

在上述案例中，教师没有回避，而是真诚地和家长沟通，全面地介绍孩子的情况，介绍冲突发生的经过，使家长感到老师是关心他的孩子的。因此，我们应牢记：家长出现不满后，应真诚地与家长沟通，一味地辩解只会适得其反，而回避则会使不满加剧。

2. 始终尊重家长

在上述案例中，家长怒气的消退与教师对家长的尊重是有着密切关系的。这位教师对家长诚恳地提出希望家长对自己的工作提出建议，并表示乐意接受建议，面对教师的尊重，家长的态度只会逐渐和缓。应注意的是，当家长不满时，他们的嗓门可能会不知不觉地变大，因此在处理类似情况时，家长的嗓门越大，自己讲话的声调就要越轻，速度就要越慢。若自己的嗓门也越来越大，结果只会演变成家长和教师间的对骂，不但于事无补，反而会让家长的不满升级。在这过程中，如果家长的言辞带有侮辱性，则暂时找个借口回避，以后再谈。

3. 更加关爱孩子

家长的不满往往源于对孩子的关心，这是可以理解的。若家长出现类似上述案例中的不满情绪，即使是我们消减了家长的怒气，也很难完全让家长满意。因此，我们在以后的活动中应更加关爱他的孩子，让家长能感受到教师对其孩子的关心，这样一来，家长会更加信任老师，减少他们不满情绪的出现。

（六）有效应对沟通无效的家长

在很多父母的心目中，自己的孩子往往是最能干的，很多家长的确有这样的想法，因而很难接受教师反馈的孩子的不足。由于家长的抵触，教师与家长间的沟通往往呈现

无效的状态。在这样的情况下，选择放弃是一种不负责的做法，是对自己工作及幼儿的不负责任。因为，孩子的很多问题，包括心理问题或行为问题往往都需要早发现、早干预、早治疗，若错过了干预及治疗的最佳时机，之后的治疗往往会出现"事倍功半"的效果。因此，我们要能迎难而上，以理服人，使家长也能发现幼儿的不足，及时地给予相应的纠正或带幼儿进行相应的治疗。

但作为教师，也要考虑到家长眼中只有一个孩子，很难把孩子和同龄幼儿进行比较，因此，教师还要善于创造条件，引导家长自己发现孩子的不足。

【案例 5-3-9】

直面不肯相信教师的家长

【案例描述】

刘老师经过长期观察，发现班里一位孩子亮亮可能有自闭倾向。在和家长沟通希望其引起注意的过程中，家长却认为孩子没有问题也不可能有问题，甚至认为教师对亮亮有偏见。之后，教师多次找到家长谈论这一问题，但每次都遭到家长的拒绝，而家长对教师的意见也越来越大，认为是教师故意在刁难自己的孩子，这位家长甚至到园长处告状……

刘老师发现无法和亮亮的妈妈进行沟通时，她联系了亮亮爸爸，结果发现也无法沟通，之后决定利用家长园地说服亮亮的家长。刘老师翻阅了大量的教育期刊，找了很多与幼儿自闭症相关的文章，包括幼儿自闭症的主要表现、对幼儿的危害及错过治疗关键期的后果等。每天接孩子时，家长们都会聚到家长园地前，了解孩子当天的主要表现，当然也就看到了刘老师在栏目上投放的文章了。细心的刘老师发现，亮亮的妈妈也看到了自己所投放的文章。

又过了两周，刘老师决定本周五下午安排半日班级开放活动，邀请家长参加。到了周五下午，家长们都来到了班上。活动中，小朋友们都跟着老师蹦蹦跳跳地玩游戏，只有亮亮不理会教师，自己一会儿爬上桌子，一会儿趴在地上，开心地自己玩自己的……当天，接孩子时，亮亮妈妈什么也没有说，但看得出来情绪有些低落。过了两天，亮亮妈妈主动给刘老师打了电话，就自己之前的行为表示道歉，并诚恳地提出自己会尽快带亮亮去专业机构检查。

（广西实验幼儿园　付丽君）

【案例评析】

上述案例中，家园之间的沟通之所以有成效，主要源于教师的策略。

1. 绕开态度强硬、性格固执的家长，主动和孩子家庭中较开明的家长进行沟通

每个家庭中可能都有一些较为开明的家长，因此，当与家庭中某一成员间的沟通无效时，可以翻阅孩子的个人档案，了解其家庭中其他成员的情况，就存在的问题与较开明的家长进行沟通，这些较开明的家长往往能较为冷静地看问题，并说服家庭中的固执者。一般说来，老师说的话可能家长听不进去，但家庭成员说的话则不然。

2. 以理服人，不能一味迁就家长或者高高在上，不理会家长的情绪态度

当与家长的沟通无效，但其家庭中又没有较为开明的人时，很多教师往往选择了放弃。但如此一来，往往使误会越来越深，家长对教师的怨言会不断增加，有些家长甚至可能会鼓动其他家长，对教师产生抵触心理，这样直接影响了班级往后工作的开展。在这样的情况下，教师可以从其他方面间接地与家长进行沟通。在案例中，教师利用家长园地投放相关文章，以理服人。

3. 提供条件，让家长了解事实真相

在上述案例中，教师向家长反映孩子的表现，希望引起家长对孩子的注意，但却导致了家长的不满，认为是教师对自己的孩子有偏见。站在家长的角度来看，我们能理解家长的行为，因为在家长眼中，自己的孩子往往都是最棒的。此外，没有和其他同龄孩子进行过对比，家长的确也难发现自己孩子的异常。在这样的情况下，老师提供条件，让家长能在孩子真实的活动中了解事实真相，从而能心平气和地接受教师的反馈。

（七）及时应对出手教训其他幼儿的家长

家长出手教训欺负者，不仅仅给欺负者带来了害怕、紧张感，也给班级其他幼儿带来害怕感，使得他们远离自己的孩子。在集体中，没有伙伴对于幼儿来说，无疑是一种精神上的空虚。所以，面对这样的家长，要引导他们去思考这一问题，同时还应使家长了解到：幼儿在交往过程中发生冲突是极为平常的事情，幼儿也应该在冲突中学会自我调解，若实在是解决不了，教师才应出手引导。但家长在孩子的冲突中直接出手代替孩子教训欺负者，容易使孩子形成依赖心理，当冲突再次发生时，他们还想依赖成人来解决，步入小学后，就很难适应小学的环境了。

对于家长而言，总担心自己的孩子在和别人交往的过程中会吃亏，有些家长教育孩子对于欺负行为采取"以牙还牙、以暴制暴"的态度，而有些家长则过于心急而直接代替孩子出手教训欺负者。逞了一时之快的行为会给欺负者、自己的孩子及其他幼儿直接带来不良影响。作为教师，仅仅被动地处理类似问题是不够的，可以通过家长委员会的影响力，主动地应对。在开学初，教师就可以与家长委员会成员进行沟通，与家长委员

会成员共同制定家长在园行为规则，对家长在幼儿园的行为作明确的要求。这在一定程度上能起到防患于未然的作用。

【案例 5-3-10】

班级中"不平等"的打人事件

【案例描述】

　　中班小冯老师班上有一男孩子浩浩，浩浩自身性格较为内向，每次见到陌生人都显得极为胆怯。但浩浩妈妈对浩浩寄予了极高的希望，经常带着浩浩学这学那，浩浩其他方面表现平平，有些方面甚至是较不自信，但却能说一口较为流利的英语。在与浩浩母亲交流的过程中，小冯老师发现，浩浩妈妈对孩子的能力给予了非常高的评价。

　　这天，正是自由活动时间，牛牛和几个男孩子聚在一起玩自己从家里带来的汽车，浩浩走了过去，也想加入他们的活动，但牛牛马上拒绝了："不要，我们人够了，你去别的地方玩吧。"遭到拒绝的浩浩还是舍不得离开，他蹲下来拿起了牛牛的汽车。没想到牛牛直接推了浩浩一把，把浩浩推倒在地。当小冯老师听到其他幼儿的告状时，事情已经发生。小冯老师对牛牛进行了一番批评教育，牛牛在老师的批评下向浩浩道了歉，小冯老师本以为事情会就此结束。

　　到了离园时间，小冯老师先看到浩浩妈妈来了，随即走上前，向浩浩妈妈反馈了当天牛牛和浩浩的冲突，并向浩浩妈妈道歉，承认是自己工作不够细心之故。这时，本班另一位家长正好找小冯老师，于是小冯老师转身处理其他事情了。但就在此时，小冯老师听见"啪"的一声，回头看时，才发现原来是浩浩妈妈打了牛牛一个耳光，浩浩妈妈还冲着牛牛大声地喊道："你家长不教你，我来教你！"牛牛随即"哇"地一声大哭起来。看到这一幕，不仅小冯老师惊呆了，班上其他孩子也都露出惊慌的表情，而其他家长也呆住了。小冯老师马上制止了浩浩妈妈，把她请到办公室，并请她站在被打幼儿家长的立场看问题，思考："若自己的孩子被其他家长打了，自己又会如何想呢？"待浩浩妈妈稍微平静后，老师又抛出一个问题："班级其他孩子还小，他们只看到浩浩妈妈打人了，他们会不会害怕？会不会不敢和浩浩玩？"浩浩妈妈冷静了一会儿，也意识到了自己的问题。

　　之后，小冯老师找到牛牛和牛牛家长，先诚恳地道歉，并把事情发生的经过细细向牛牛家长解释，并保证日后尽量避免类似事情的发生。小冯老师看着害怕的牛牛，抱了抱他："浩浩妈妈打了牛牛，她也很后悔！因为她也知道自己错了！"在小冯老师的安抚下，牛牛才慢慢平静下来。最终，牛牛家长很大度，没有责怪老师，也接受了浩浩妈妈的道歉。

（广西实验幼儿园　陆晓姗）

【案例评析】

对于家长而言，最在乎的是孩子，孩子受到别人欺负是家长所不愿看到的。有些家长在看到孩子被人欺负时，除了难过，也会责备孩子的"懦弱"，他们往往觉得自己的孩子太温和，因此才会被人欺负，因此有些家长在孩子被人欺负而不会还手时自己出手代替孩子教训欺负者。在上述案例中，浩浩妈妈正是出于这样的想法才出手打了牛牛，正是教师及时而正确的处理，才避免了一场冲突。

1. 对出手教训人的家长，及时制止，以理服人

在上述案例中，对于家长出手教训其他幼儿的行为，教师及时给予制止，并请家长到无人打扰的办公室。此时家长的情绪过于激动，教师等家长情绪稳定后再和家长进行沟通。然后，引导家长了解自己的行为给孩子包括其他孩子所带来的不良影响。正是老师的及时制止，避免了事情扩大化。

2. 对被教训幼儿的家长，做好安抚工作

对于被教训幼儿的家长，教师要做好安抚工作。案例中，小冯老师找到牛牛和牛牛家长，先诚恳地道歉，并把事情发生的经过细细向牛牛家长解释，并保证日后尽量避免类似事情的发生。通过这样的方式，安抚牛牛的家长。

应注意的是，作为教师，忌讳在打人的家长面前说被打幼儿家长的不是，在被打幼儿家长面前说打人家长的不是。这样只会给双方家长火上浇油，使矛盾升级或加剧。教师应做的是，尽量让双方都站在对方立场看问题，多想想对方的感受。

3. 对被教训的幼儿，稳定其情绪

案例中，对于被教训的幼儿，教师也做好了安抚工作。幼儿在被其他家长教训或打之后，心理容易产生害怕心理。因此，小冯老师通过拥抱、聊天的方式，让他明白，大人在生气的时候，会有些冲动的行为，如骂人或打人，但是教师会和这些家长沟通好的，让他明白，没有什么好怕的。

4. 对其他幼儿，也要做好安抚工作

对于其他幼儿，教师也要做好思想工作。否则，他们因为目睹了被欺负者家长对欺负者的教训场面而害怕，而与被欺负者疏远。因此，教师可以在他们情绪稳定后，通过谈话等方式，让他们明白那只是大人冲动时的表现，大人自己也会后悔的，以后不会再有这样的行为，鼓励他们继续与被欺负者交往。

孩子是父母的宝贝，任何一个家长听到自己的孩子发生了意外都会担心，甚至焦虑。在处理问题时，家长们由于自身因素，可能会导致各种难以沟通现象的出现。作为老师，在事件发生后应保持冷静，用科学、专业的方式处理。在与家长沟通方面，要多从家长的角度思考问题，沟通事情，表达要专业，这样更能取得家长对老师和学校的信任和支持，更利于后续的家园共育工作的开展。

【学以致用】

　　幼儿园教师不仅要面对幼儿，更要面对家长。一个班级数十个家庭，往往会遇到一些难以沟通的家长。请小组合作，模拟如何应对不同类型的家长。

参 考 文 献

1. 中华人民共和国教育部. 幼儿园工作规程[M]. 北京：首都师范大学出版社，2016.

2. 教育部基础教育司. 幼儿园教育指导纲要（试行）解读[M]. 北京：教育科学出版社，2001.

3. 中华人民共和国教育部. 幼儿园工作规程[Z]. 国家教改委令第25号发布，1996.

4. 陈鹤琴. 家庭教育——怎样教小孩[M]. 北京：教育科学出版社，1994.

5. 李生兰，等. 学前儿童家庭与社区教育[M]. 北京：高等教育出版社，2017.

6. 李生兰. 幼儿园与家庭、社区合作共育的研究[M]. 上海：华东师范大学出版社，2003.

7. 莫源秋. 幼儿园家长工作技能与艺术[M]. 北京：中国轻工业出版社，2021.

8. 孙立权. 学前儿童家庭与社区教育[M]. 北京：北京出版集团，2013.

9. 阎乃胜. 幼儿园家长工作指南[M]. 上海：上海交通大学出版社，2016.

10. 苏婷. 不同家园合作形式下家长参与的实践研究——以上海市W幼儿园为例[D]. 上海：上海师范大学，2017.

11. 卢辰科. QQ群在幼儿园中的应用现状研究[D]. 兰州：西北师范大学，2015.

12. 李焕霞. 微信公众平台助推家园共育的调查研究[D]. 西安：陕西师范大学，2016.

13. 郭亚凯. 家长参与家园共育活动现状的调查研究[D]. 呼和浩特：内蒙古师范大学，2020.

14. 程天宇. 疏离与回归：家园共育理念实现的应然路径选择[J]. 教育探索，2015(9).

15. 孙芳龄，雷雪梅，张官学，等. 家园共育的实践意义与开展策略[J]. 学前教育研究，2018(7).

16. 李生兰. 中美家园共育路径及成因比较研究[J]. 教育导刊（下），2010(4).

17. 胡碧霞. 试论家园共育的实践模式[J]. 连云港师范高等专科学校学报，2013(2).

18. 嵩钰佳，邓丽华，申美玲等. 祖父母教养与幼儿同伴交往能力的关系[J]. 学前教育研究，2016(11).

19. 肖鲜. 家园合作研究综述[J]. 教育科学论坛，2017(3).

20. 许璐颖，周念丽. 学前儿童家长亲职教育现状与需求[J]. 学前教育研究，2016(3).

21. 余慧珍，韩利平. 家园共育工作的实践与思路[J]. 教育导刊，2011(11)下半月.

22. 郁虹. 构建多元互动新模式，实现家园共育最优化[J]. 幼教天地，2009(8).

23. 焦皎，吕承文. 家园共育内涵剖析与幼儿教育发展探究[J]. 太原大学教育学院学报，2013(3).

24. 刘艳. 家园合作纠正不良行为习惯的途径[J]. 学前教育研究，2010(6).

25. 孙芳龄，雷雪梅，张官学，等. 家园共育的实践意义与开展策略[J]. 学前教育研究，2018(7).

26. 张继伟，刘家福. 家园合力共育实效性探索[J]. 吉林省教育学院学报，2017(10).

27. 李玉莲，张文芳. 用陈鹤琴幼儿教育思想指导家园共育[J]. 学前教育研究，2006(3).

28. 张韵. 幼儿园家园合作现状研究[D]. 重庆：西南大学，2009.

29. 何牧. 幼儿教育 App 在幼儿园数学活动中的有效应用[J]. 教育探索，2019(6).

30. 孔起英，张俊，华希颖. 疫情背景下家园共育的有效支持[J]. 早期教育(教育教学)，2020(4).

31. 钟瑛. 疫情防控背景下，家园共育线上新模式的开展[J]. 山西教育(幼教)，2022(2).

32. 王瑞珺. 疫情背景下家园共育的有效路径探索——以珠海容闳国际幼稚园为例[J]. 幼儿教育研究，2022(1).

33. 赵一名. "互联网+"教育背景下微信群在家园共育中的应用现状及问题研究[J]. 齐齐哈尔师范高等专科学校学报，2019(1).

34. 周玉平. 融合共育家园关系中教师的"退"与"进"[J]. 教育导刊，2021(8).

35. 程天宇. 疏离与回归：家园共育理念实现的应然路径选择[J]. 教育探索，2015(9).

36. 秦旭芳，孙丹. 危机管理视角下家园矛盾的化"危"为"机"[J]. 教育观察，2020(2).

37. 李晓巍，刘倩倩，郭媛芳. 改革开放 40 年我国幼儿园、家庭、社区协同共育的发展与展望[J]. 教育观察，2019(2).

38. 秦旭芳，党淼. 家园关系的"稳定剂"——基于角色理论的幼儿教师师德及建设审思[J]. 教育观察，2020(5).

39. 秦旭芳，张鑫. 家园共育中幼儿教师话语权的缺失与转圜[J]. 教育观察，2020(4).

40. 张爱莲. 治理视角下家园深度共育的实践探索[J]. 上海教育科研，2021(6).